REFÚGIO BEM PRESENTE

Um guia sobre combate à violência doméstica para lideranças eclesiásticas

HANNAH FORDICE

REFÚGIO BEM PRESENTE

Um guia sobre combate à violência doméstica para lideranças eclesiásticas

HANNAH FORDICE

Publicado originalmente em inglês como *Ready Refuge: A Cross-Denominational Guide for Church Leaders on Intimate Partner Violence* por Hannah Fordice.

Copyright © 2020 por Hannah Fordice. Traduzido e publicado com permissão da autora.

Copyright da tradução © Pilgrim Serviços e Aplicações LTDA., 2023.
Todas as citações bíblicas foram extraídas da Nova Versão Internacional (NVI), salvo indicação em contrário.

Os pontos de vista desta obra são de responsabilidade de seus autores e colaboradores diretos, não refletindo necessariamente a posição da Pilgrim Serviços e Aplicações ou de sua equipe editorial. Nada neste livro foi elaborado como aconselhamento ou orientação jurídica.

Tradução: *Bianka Giovanna, Débora Barroso, Giovanni Tini, Juliana Pellicer, Juliane Leoncy, Luana Mattos, Nayandra Tinoco, Patricia Pantoja, Roberta Maziero e Ruth Maschke*
Revisão técnica: *Ana Cecilia Vaz, Ana Paula Bagaiolo Moraes e Guilherme Cordeiro Pires*
Preparação: *Francine Walsh*
Revisão: *Vitória Fagundes Lopes e Camila Reis*
Edição: *Guilherme Cordeiro Pires e Brunna Prado*
Capa, projeto gráfico e diagramação: *Luis de Paula*
Imagem de capa: *Lifeonwhite / Envato.*

Dados Internacionais de Catalogação na Publicação (CIP)
(BENITEZ Catalogação Ass. Editorial, MS, Brasil)
Índice para catálogo sistemático:

F181r	Fordice, Hannah
1.ed.	Refúgio bem presente: um guia sobre o combate à violência doméstica para lideranças eclesiásticas / Hannah Fordice. – 1.ed. – Rio de Janeiro: Thomas Nelson Brasil, 2022. 192 p.; 13,5 x 20,8 cm.
	Vários tradutores. Bibliografia. ISBN: 978-65-5689-551-2
	1. Acolhimento pastoral. 2. Liderança – Aspectos religiosos – Cristianismo. 3. Violência doméstica e familiar. I. Título.
12-2022/23	CDD 253

1. Liderança: Aspectos religiosos: Cristianismo   253
Bibliotecária: Aline Graziele Benitez CRB-1/3129

Todos os direitos reservados à Pilgrim Serviços e Aplicações LTDA.
Alameda Santos, 1000, Andar 10, Sala 102-A
São Paulo — SP — CEP: 01418-100
www.thepilgrim.com.br

SUMÁRIO

Prefácio à edição brasileira ——————————— 7

Introdução ——————————————————— 13

Capítulo 1
Entendendo a violência doméstica ——————— 21

Capítulo 2
Erros comuns ——————————————————— 39

Capítulo 3
Dar o próximo passo —————————————— 57

Capítulo 4
A importância de escutar bem ————————— 73

Capítulo 5
Denúncia e segurança ————————————— 85

Capítulo 6
Apoiando as vítimas —————————————— 109

Capítulo 7
Confrontando e aconselhando o ofensor ————— 129

Capítulo 8
Perdão, reconciliação, separação e divórcio ———— 151

Capítulo 9
Mudando suas expectativas —————————— 169

Apêndice ——————————————————— 176

Referências Bibliográficas ——————————— 183

Sobre a autora ————————————————— 189

PREFÁCIO À EDIÇÃO BRASILEIRA

Portanto, ó pastores, ouvi a palavra do Senhor: Tão certo como eu vivo, diz o Senhor Deus, visto que as minhas ovelhas foram entregues à rapina e se tornaram pasto para todas as feras do campo, por não haver pastor, e que os meus pastores não procuram as minhas ovelhas, pois se apascentam a si mesmos e não apascentam as minhas ovelhas, — portanto, ó pastores, ouvi a palavra do Senhor: Assim diz o Senhor Deus: Eis que eu estou contra os pastores e deles demandarei as minhas ovelhas. Porque assim diz o Senhor Deus: Eis que eu mesmo procurarei as minhas ovelhas e as buscarei. (Ezequiel 34.7-11 — ARA)

Quando eu penso que Deus escolheu a imagem de ovelha para seu povo, eu sempre me emociono. Tal ilustração foi intencionalmente separada pelo Criador de maneira a nos trazer humildade e profunda gratidão. Humildade porque ovelhas são criaturas completamente dependentes do pastor para sobrevivência — sem um guiar cuidadoso, as ovelhas se perdem, se machucam e são presas fáceis. E profunda gratidão porque, ainda que sejamos vulneráveis, Deus escolhe ser nosso Bom Pastor, nos acolhendo com cuidado em seu seguro aprisco.

Como reflexo dessa analogia escolhida pelo próprio Deus acerca de si e de seu povo, algumas denominações cristãs escolheram o termo "pastor" para seus líderes. Aqueles que Deus separou para guiar seu povo espiritualmente devem agir não como líderes arrogantes e egocêntricos, mas como humildes pastores, prontos a sacrificarem suas vidas pela segurança das ovelhas. O apóstolo Pedro comandou aos presbíteros: "pastoreai o rebanho de Deus que há entre vós, não como dominadores dos que vos foram confiados, antes, tornando-vos modelos do rebanho" (1Pedro 5.2-3 – ARA).

Ainda sobre o ofício pastoral, Agostinho de Hipona escreveu:

> *"Os perturbadores devem ser [por eles] repreendidos; os desanimados, encorajados; os enfermos, apoiados; os opositores, refutados; os traiçoeiros, afastados; os não-qualificados, ensinados; os preguiçosos, estimulados; os contenciosos, contidos; os arrogantes, reprimidos; os contestadores, pacificados; os pobres, aliviados; os oprimidos, libertados; os bons, aprovados; os maus, suportados; e todos, amados."*[1]

---

1   AGOSTINHO. Sermão ccix *apud* MILLER-MCLEMORE, B. J. *The Wiley Blackwell Companion to Practical Theology.* John Wiley &

Note como Agostinho deixa claro o papel do líder da igreja: não somente o amor e o cuidado, mas também a proteção contra os perigos. O amor do pastor pelas suas ovelhas precisa ser equivalente ao seu furor contra os lobos que as atacam.

Assim, confesso que, quando li *Refúgio Bem Presente* pela primeira vez, me encontrei preocupada ao ponderar sobre o quão distante do coração do Supremo Pastor muitos de nossos pastores estão. Talvez não de maneira maliciosa, mas certamente ignorante. Com estatísticas assustadoras sobre a quantidade de mulheres sendo abusadas por seus parceiros íntimos *dentro* das igrejas, não é de surpreender que muitos dos nossos líderes, aqueles chamados a representar o cuidado de Cristo, não estejam minimamente preparados para reconhecer e afugentar os lobos dentro de suas próprias congregações?

Há tanto preparo para os líderes congregacionais no que diz respeito à boa teologia, às questões administrativas e à boa pregação, mas quanto tempo é despendido dentro das paredes dos seminários ensinando esses potenciais pastores a cuidar de suas ovelhas, no sentido mais profundo do termo? A reconhecer os lobos, especialmente aqueles que usam uma carcaça de ovelha sobre os ombros, escondendo sua verdadeira essência? Entretanto, em contraste com essa falta de preparo, vemos nos versos de abertura deste prefácio o aviso de Deus aos pastores de seu povo: *Eis que eu [...] demandarei [dos pastores] as minhas ovelhas.*

Refúgio Bem Presente não quer ser mais um livro juntando poeira nas prateleiras cheias dos líderes congregacionais.

Sons, 2011, p. 271.

Hannah Fordice está em uma missão: treinar pastores e líderes, de maneira prática e simples, a prepararem suas igrejas para serem o que Cristo as comissionou a ser: refúgios para suas ovelhas. Com anos de experiência aconselhando mulheres sobreviventes de violência doméstica, Hannah traz a linguagem firme de quem tem autoridade no que ensina e, ao mesmo tempo, a brandura de quem já viu o estrago que a violência dentro do lar causa.

Eu tenho o privilégio de conhecer Hannah já há alguns anos, uma vez que ela é amiga de longa data da família do meu marido. E quando você conhece Hannah e a vê tão capacitada, segura de si e divertida, não imagina que por baixo dessa casca grossa há uma mulher que já viu mais sofrimento do que podemos imaginar. Minha amiga Hannah traz em si não somente as lembranças das feridas dos sobreviventes a quem ajudou, mas suas cicatrizes pessoais, suas perdas profundas que a levaram para mais perto do seu Bom Pastor e a deram um coração mais compassivo para com a dor de seus próximos.

Ao estudar este livro, querido leitor, meu desejo é que você ouça as palavras desta mulher sábia e corajosa e aprenda com ela a preparar sua congregação para ser realmente segura para sobreviventes, e não um lugar de acobertamento de lobos. E saiba que ler este livro te trará uma responsabilidade pesada: agora você saberá a verdade sobre o abuso dentro de lares cristãos e precisará agir. Não haverá mais escuridão de ignorância sob a qual se esconder. Será o momento de mover-se rumo às vítimas e estender seu manto sobre elas. Será difícil, dolorido, causará possíveis conflitos e até envolverá autoridades exteriores à igreja.

Mas será ali — com as vítimas sob seu cuidado — que você estará, realmente, o mais próximo possível daquele que você almeja espelhar, o Supremo Bom Pastor. Lembre--se da promessa feita a você: *"Quando o Supremo Pastor se manifestar, recebereis a imarcescível coroa da glória"* (1Pedro 5.4 – ARA). Então tome os passos com coragem, querido leitor. Deus é contigo.

Francine Veríssimo Walsh

INTRODUÇÃO

ONDE ESTÁ A IGREJA?

> *"Por que você quer tirar a medida protetiva e voltar para casa?", perguntei preocupada. Olhando para mim, ela respondeu: "porque Deus deseja que eu perdoe e me reconcilie com meu marido."*

A mulher, minha cliente, me contou isso durante uma audiência judicial.[1] Apenas algumas semanas antes, essa mesma mulher havia sido colocada na Unidade de Terapia Intensiva (UTI) após seu marido tê-la empurrado escada abaixo e a espancado.

Na época da entrevista, eu era uma recém-formada trabalhando como advogada em um abrigo local para mulheres.

---

[1] Este livro foi escrito para uma audiência norte-americana, por isso, há diferenças substanciais em relação ao Brasil quanto a sistema jurídico, atendimento hospitalar, enfrentamento policial e dados estatísticos. Entretanto, quando possível, os termos originais foram substituídos por correspondentes da realidade brasileira e, quando não, uma explicação relativa ao contexto brasileiro foi adicionada nas notas de rodapé. [N. E.]

Eu tinha passado por um bom treinamento, estudado por meio de vários livros e participado de processos judiciais, mas, naquele momento, sentada em frente ao rosto machucado da mulher que quase tinha sido morta por seu esposo, eu estava totalmente despreparada para ouvir que a sua razão de voltar para casa era a religião.

Durante os próximos anos de trabalho e pesquisa na área de violência doméstica, eu sempre me perguntava: *"onde estão as igrejas?"*. Além da entrega ocasional de fraldas e da arrecadação de fundos, havia uma chocante falta de apoio local vinda da comunidade cristã às vítimas. Na verdade, muitas pessoas com quem trabalhei tinham uma percepção negativa da igreja em relação à experiência de violência doméstica pela qual haviam passado — possuindo sentimentos de descrédito e de falta de apoio eclesiástico em suas decisões de abandonar casamentos abusivos.

Durante o tempo em que trabalhei como defensora e meu marido como policial, nunca deixei de me surpreender com o número de incidentes de violência doméstica em nossa área relativamente rural. Todas as noites, havia pelo menos um relatório de abuso domiciliar feito pela polícia, geralmente mais. Para cada vítima que ligava para o 190, havia dez vezes mais ligações para o telefone do abrigo em que eu estava trabalhando.[2]

Eu havia passado anos sem saber dos casos de violência que aconteciam perto de mim. Os números locais eram impressionantes e os nacionais, ainda mais. Estatisticamente

---

[2] No Brasil o canal oficial para denunciar casos de violência doméstica e familiar contra a mulher é o 180. [N. E.]

falando, mais de uma em cada três mulheres e um em cada quatro homens foram agredidos fisicamente, estuprados ou perseguidos por um parceiro romântico em algum momento de suas vidas[3]. Da mesma forma, linhas diretas de violência doméstica nos Estados Unidos recebem aproximadamente 20.000 ligações por dia.[4] Isso significa que, a cada quatro segundos, alguém se sente amedrontado o suficiente no próprio relacionamento a ponto de pedir ajuda a um estranho.

E eu me pergunto: "e se a igreja fizesse parte dessa linha de frente contra essas situações?". Com que frequência nossas igrejas recebem telefonemas, pedidos de aconselhamento ou visitas de pessoas que estão procurando ajuda devido à violência doméstica?

Uma vez por trimestre? Uma vez por ano? Menos?

De acordo com um estudo de 2018 conduzido pela *Life-way Research*, dezoito por cento dos pastores disseram que

---

[3] BLACK, M. C.; BASILE, K. C.; BREIDING, M. J.; SMITH, S. G.; WALTERS, M. L.; MERRICK, M. T.; CHEN, J.; STEVENS, M. R. *The National Intimate Partner and Sexual Violence Survey:* 2010 Summary Report. Atlanta: National Center for Injury and Prevention and Control e Centers for Disease Control and Prevention, 2011. Disponível em: https://www.cdc.gov/violenceprevention/pdf/nisvs_report2010-a.pdf.

[4] NATIONAL NETWORK TO END DOMESTIC VIOLENCE. *Domestic Violence Counts National Summary.* 2017. Disponível em: https://nnedv.org/mdocs posts/census_2016_handout_national-summary/.

Há uma estimativa, também divulgada pelo portal oficial do Ministério da Mulher, da Família e dos Direitos Humanos, do recebimento de mais de 11 mil ligações diárias. No entanto, nem todas se referem especificamente à violência contra mulher, mas a violações de direitos humanos. [N. T.]

eles ou suas congregações nunca agiram contra a violência doméstica ou sexual, e quinze por cento disseram que auxiliaram nessas causas menos de uma vez por ano.[5] Como é possível que um terço das igrejas protestantes pesquisadas nunca ou raramente tenha ajudado uma vítima de abuso?

A dura realidade é que as vítimas de violência provocada pelo parceiro íntimo (VPPI)[6] não recorrem à igreja em busca de ajuda em seus relacionamentos abusivos, porque há pouco histórico delas recebendo apoio ali. Em vez de ajuda e amor, muitas vítimas são recebidas com ignorância, descrença, vergonha e uma má interpretação da autoridade bíblica. Isso certamente não quer dizer que todas as igrejas trataram mal ou ignoraram a VPPI; há excelentes pastores e equipes de liderança que tratam desse assunto com uma visão e uma graciosidade surpreendentes. Contudo, até que o tópico do abuso seja regularmente ensinado nos seminários, desenvolvido na literatura cristã e pregado aos domingos, a igreja permanecerá totalmente despreparada para lidar com ele.

A boa notícia é que a igreja está em uma posição única para ajudar a atender às necessidades das vítimas de uma forma que nenhuma outra organização ou grupo consegue. Nossas igrejas têm oportunidades incríveis de fazer parceria com

---

[5] LIFEWAY RESEARCH. *Domestic and Gender-Based Violence*: Pastors' Attitudes and Actions: Survey of Protestant Pastors. 2018. Disponível em: lifewayresearch.com/wp-content/uploads/2018/09/Domestic-Violence--Research-Report.pdf.

[6] Para os propósitos deste livro, os conceitos de violência provocada por parceiro íntimo (VPPI), violência doméstica (VD) e abuso doméstico (AD) serão usados indistintamente.

a missão de Deus para levar justiça e liberdade aos oprimidos em sua própria comunidade. Na verdade, nossas comunidades de fé — sim, as nossas igrejas — estão sendo convocadas para ajudar as vítimas de violência em nossas congregações e em nossos bairros.

Em 1Coríntios 12.25-27, o apóstolo Paulo escreve a respeito da igreja: *"a fim de que não haja divisão no corpo, mas, sim, que todos os membros tenham igual cuidado uns pelos outros. Quando um membro sofre, todos os outros sofrem com ele; quando um membro é honrado, todos os outros se alegram com ele. Ora, vocês são o corpo de Cristo, e cada um de vocês, individualmente, é membro desse corpo."*

E se tratássemos a violência doméstica como um ataque pessoal ao corpo de Cristo? O que aconteceria se as vítimas pedissem apoio, segurança, cura e liberdade à igreja? O que aconteceria se a defesa dos direitos delas se tornasse uma prioridade na comunidade religiosa? O abuso não é um tópico marginal ou apenas um cenário possível; estatisticamente falando, é algo que está ocorrendo em nossas congregações agora mesmo. *Chegou a hora de perguntarmos a nós mesmos: "Nossa igreja está preparada?"*

O QUE VOCÊ PODE ESPERAR DESTE LIVRO?

Por definição, a violência provocada contra parceiro íntimo (VPPI) é íntima e individual. Não há duas situações iguais uma à outra, e simplesmente não existe um procedimento passo a passo que seja perfeito para trabalhar com VPPI. No passado, isso fez com que muitos livros e programas cristãos que tratavam do abuso evitassem dar recomendações específicas e práticas sobre o trabalho nessas situações.

É claro que existem exceções; na verdade, a minha própria abordagem foi profundamente moldada e desafiada por uma defesa cristocêntrica das vítimas no trabalho pioneiro de pessoas como Leslie Vernick, Diane Langberg e Darby Strickland. Todavia, quando se trata desse grupo demográfico, há a necessidade específica do uso de uma estrutura bíblica e prática direcionada à igreja institucional.

A *House of Faith and Freedom* (Casa da Fé e Liberdade) é uma organização dedicada a criar recursos interdenominacionais e básicos para pastores e equipes de liderança eclesiástica sobre como lidar com a violência praticada por parceiros íntimos de maneira eficaz por meio da defesa centrada em Cristo.

Com este livro introdutório e seus currículos associados disponíveis em nosso site,[7] nossas igrejas terão o treinamento, o conhecimento e as recomendações necessárias para desenvolverem seu próprio conjunto de práticas contra situações de violência doméstica. Além disso, este programa é único em sua abordagem abrangente: em vez de focar apenas nas vítimas, ele também oferece condições para trabalhar com agressores e casais.

Este livro introdutório foi feito para transmitir parte do treinamento prático, das técnicas de defesa e das perspectivas que creio serem necessárias à igreja, a fim de desenvolver um conjunto congregacional de melhores práticas contra abusos

---

[7] Disponível em: houseoffaithandfreedom.org. Ali, os principais tópicos abordados em cada capítulo deste livro terão currículos de acompanhamento projetados para dar à sua igreja recursos práticos e customizáveis que podem ser utilizados independentemente do tamanho ou demografia de sua congregação.

na esfera doméstica. No entanto, por favor, note que cada caso de violência contra parceiro íntimo é incrivelmente complexo e que trabalhar com sobreviventes e violadores exigirá discernimento de cada um de nós e parceria com outras vozes e instituições. A defesa das vítimas é um objetivo vitalício e, para alcançá-la, devemos estar preparados.

Capítulo 1

ENTENDENDO A VIOLÊNCIA DOMÉSTICA

O QUE É VIOLÊNCIA DOMÉSTICA?

The National Coalition Against Domestic Violence — NCAV (Coalisão Nacional Contra Violência Doméstica) define violência provocada por parceiro íntimo (VPPI) como:

> *"Intimidação intencional, agressão física, espancamento, agressão sexual ou outro comportamento abusivo como parte de um padrão sistemático de poder e controle perpetrado por um parceiro íntimo sobre o outro. Inclui violência física, violência sexual, violência psicológica e abuso emocional. A frequência e a severidade da violência doméstica podem variar drasticamente; porém, o único componente constante da violência doméstica são os esforços consistentes de um parceiro para manter poder e controle sobre o outro."*[8]

---

[8] NATIONAL COALITION AGAINST DOMESTIC VIOLENCE. *What Is Domestic Violence?* 2020. Disponível em: https://ncadv.org/learn-more.

A VPPI não escolhe etnia, nível socioeconômico, idade, gênero ou religião. Ela afeta pessoas de todos os grupos demográficos e em todas as localizações geográficas, incluindo dentro da realidade da igreja local.

Na definição acima, violência física e sexual são características de VPPI, mas não sua característica determinante. A raiz da definição de VPPI é o uso de um padrão de comportamentos para manter poder e controle sobre parceiros românticos.

Esse conceito de violência, não associado apenas a um ciclo de espancamento, mas a um conjunto mais amplo de comportamentos usados para criar e manter um diferencial de poder entre os parceiros, foi desenvolvido pelo *Domestic Abuse Intervention Project* — *DAIP* (Projeto de Intervenção de Abuso Doméstico) em 1984. Essa conceituação faz parte do Modelo Duluth (nomeado em homenagem à cidade onde foi proposto), que pode ser facilmente resumido pelo uso do diagrama chamado Roda de Poder e Controle (Figura 1). A Roda de Poder e Controle foi originalmente criada a partir dos parâmetros observados em grupos focais formados por mulheres que sofriam abuso nas mãos de seus parceiros masculinos. Suas experiências, resumidas na figura, mostraram pontos em comum com outras vítimas do sexo feminino de todo o mundo. Porém, como qualquer ferramenta de ensino, é

No Brasil, esse tipo de violência é denominada juridicamente como violência doméstica e familiar e está prevista no art. 5º da Lei 11.340/2006: "configura violência doméstica e familiar contra a mulher qualquer ação ou omissão baseada no gênero que lhe cause morte, lesão, sofrimento físico, sexual ou psicológico e dano moral ou patrimonial". [N. T.]

válido reconhecer que ela pode não ter pontos de contato com toda e qualquer vítima.[9]

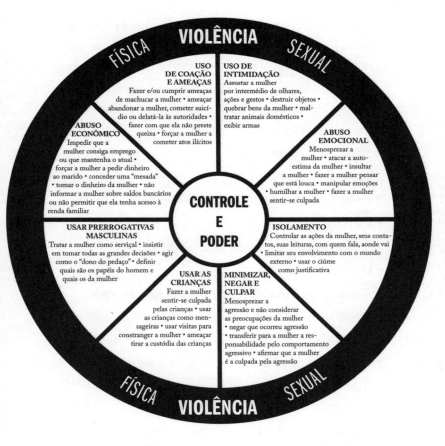

A Roda de Poder e Controle. Por Domestic Abuse Intervention Project, 2021. Usado com permissão.

---

[9] Para versões modificadas e outros diagramas [em inglês], acesse: theduluthmodel.org.

Para compreendê-la de forma efetiva, é necessário que pensemos na Roda de Poder e Controle como uma maçã: a casca, ou camada externa visível, é constituída de abuso físico ou sexual. Abaixo da superfície, há um conjunto de comportamentos muito mais amplo que forma o maior volume de questões relacionais e dão suporte à camada externa de dano físico. Então, bem no centro, está a necessidade de poder e controle — a semente da qual crescem os fruto do abuso.

Antes do Modelo Duluth, um relacionamento não era considerado abusivo a menos que apresentasse múltiplos episódios de violência física ou sexual, tais como:

• Arranhões ou mordidas;

• Tapas ou socos;

• Enforcamento;

• Estrangulamento;

• Socos nas paredes ou o ato de atirar objetos;

• Queimaduras;

• Ameaças ao parceiro com armas ou uso de armas contra o parceiro;

• Empurrões e puxões;

• Destruição de bens materiais ou objetos de valor;

• Ameaças ou maus-tratos a animais de estimação ou crianças;

• Ameaças de matar ou machucar o parceiro;

• Insistência em manter relação sexual ou ato de forçar relação sexual quando o parceiro não quer ou está incapacitado;

• Trancar o parceiro em casa ou em um cômodo da casa; e

• Interromper uma ligação para o disque-denúncia.

Esse tipo de violência, evidentemente, ainda é uma preocupação significativa atualmente. Aproximadamente trinta por cento das mulheres nos EUA já foram estapeadas, empurradas ou receberam puxões de um parceiro íntimo. Quatorze por cento já receberam socos ou foram atingidas com força por algum objeto. Onze por cento já sofreram surras graves e quase dez por cento já foram estranguladas ou sufocadas.[10]

A realidade alarmante é que a violência física não é algo tão incomum. Estatisticamente falando, a possibilidade de alguém sofrer abuso físico ao longo da vida está a três pontos porcentuais da possibilidade de se ter um câncer![11] Há um caso de violência doméstica acontecendo neste exato mo-

---

[10] BLACK, M. C.; BASILE, K. C.; BREIDING, M. J.; SMITH, S. G.; WALTERS, M. L.; MERRICK, M. T.; CHEN, J.; STEVENS, M. R. *The National Intimate Partner and Sexual Violence Survey*: 2010 Summary Report. Atlanta: National Center for Injury and Prevention and Control e Centers for Disease Control and Prevention, 2011. Disponível em: https://www.cdc.gov/violenceprevention/pdf/nisvs_report2010-a.pdf.

No Brasil, uma pesquisa realizada em parceria entre o Instituto Avon e Data Popular, publicada em 2014, concluiu que 3 em cada 5 mulheres jovens já sofreram violência física em relacionamentos. Disponível em: https://dossies.agenciapatriciagalvao.org.br/dados-e-fontes/pesquisa/violencia-contra-a-mulher-o-jovem--esta-ligado-data-popular-instituto-avon-2014/. [N. T.]

[11] NATIONAL CANCER INSTITUTE. *Cancer Statistics*. 2018. Disponível em: https://www.cancer.gov/about-cancer/understanding/statistics.

mento e provavelmente é uma situação que *já aconteceu* com algum membro da sua igreja.

A Roda de Poder e Controle não foi feita para minimizar a frequência ou a severidade da violência física, mas sim para inverter a ideia tradicional a respeito de VPPI, afirmando que ataques físicos não são a tática primária de controle usada por abusadores. Pelo contrário, se o abuso físico está presente, o real objetivo dessa prática é justamente reforçar táticas comportamentais de controle muito mais frequentes.

Enquanto uma em cada três mulheres já experimentou abuso físico, uma em cada duas já experimentou abuso psicológico. Enquanto um em cada quatro homens já experimentou abuso físico, um em cada dois já experimentou abuso psicológico.[12] *O abuso sempre começa de forma emocional.* Em alguns relacionamentos, situações de violência doméstica vão se tornar mais violentas física ou sexualmente e, em outros, podem nunca se intensificar até o ponto de agressões corporais.

Em outras palavras, nem todos os relacionamentos abusivos serão violentos fisicamente, mas todos os relacionamentos abusivos serão violentos psicológica ou emocionalmente.

Infelizmente, táticas comportamentais geralmente não são visíveis ou tão obviamente "abusivas" quanto ataques físicos ou sexuais. Muito frequentemente, a VPPI psicológica

---

[12] BLACK, M. C.; BASILE, K. C.; BREIDING, M. J.; SMITH, S. G.; WALTERS, M. L.; MERRICK, M. T.; CHEN, J.; STEVENS, M. R. *The National Intimate Partner and Sexual Violence Survey*: 2010 Summary Report. Atlanta: National Center for Injury and Prevention and Control e Centers for Disease Control and Prevention, 2011. Disponível em: https://www.cdc.gov/violenceprevention/pdf/nisvs_report2010-a.pdf.

pode ocorrer durante anos antes de ser identificada pelo que de fato é e ser tratada como deve. Aprendendo a reconhecer os sinais característicos de relacionamentos psicologicamente abusivos, a igreja não só estará mais apta a socorrer aqueles que já estão em relacionamentos violentos, mas também poderá prevenir abusos futuros através da educação de seus jovens.

Um exemplo de abuso psicológico é a história de uma enfermeira com quem trabalhei há alguns anos atrás. Seu parceiro era médico no mesmo hospital em que ela trabalhava e aproveitava disso para controlar todos os aspectos da sua vida — com quem ela poderia conversar, aonde poderia ir, quando deveria realizar intervalos durante os plantões, o que poderia vestir, como seu pagamento deveria ser utilizado. Ele constantemente a acusava de traí-lo com outros funcionários do hospital e, certa vez, sugeriu que a parceira tivesse se envolvido até mesmo com um paciente que estava sob os cuidados dela. Ele nunca a agrediu ou a ameaçou fisicamente, mas disse que arruinaria sua carreira na enfermagem caso o deixasse. Ele a difamava para colegas em comum e para seus supervisores quando o que queria não era feito. Além disso, usava de sua autoridade no trabalho e de sua proximidade para mantê-la sob seu controle. Entretanto, quando ela o confrontava, ele sempre negava tê-la difamado ou ameaçado. Ele a fazia se sentir culpada a ponto de ela pedir desculpas por "flertar" com outras pessoas mesmo quando isso não havia acontecido.

Seus colegas de trabalho achavam gentil que ele sempre gostasse de saber onde a parceira estava e o que estava fazendo. A família dela o considerava cuidadoso e compassivo por causa da profissão que exercia. Quando ela ligou para o disque-denúncia para perguntar se o que estava vivendo era normal, ficou muito aliviada de ouvir que, de fato, não era, além de ter ficado mais aliviada ainda por saber que alguém havia acreditado nela, já que por anos havia se sentido como uma louca.

De forma semelhante, quando eu era adolescente, uma amiga próxima estava em um relacionamento abusivo, mas foi incapaz de identificá-lo como tal até se tornar adulta. O rapaz com quem ela estava se relacionando era cristão, bastante envolvido com o ministério em sua igreja local e nunca a agrediu fisicamente. Porém, era comum que ele dissesse que ela deveria ter um corpo mais parecido com o de outras mulheres; que, se ela não o beijasse, uma outra garota da escola onde ele estudava faria isso no lugar dela; que Deus disse a ele que os dois se casariam; e que, se ela terminasse com ele, estaria desobedecendo ao Senhor. Ele passava semanas a ignorando quando ela o confrontava, e eu a ouvi dar desculpas para os comportamentos questionáveis dele e afirmar que todos os problemas do relacionamento eram culpa dela. Ela estava convencida de que ele precisava de mais misericórdia de sua parte em vez de assumir a responsabilidade pelos próprios atos, além de também acreditar que a Bíblia estava a instruindo a perdoá-lo e a dar uma segunda (e uma terceira, e uma quinquagésima...) chance.

Eu sempre me pergunto se algum desses relacionamentos teria terminado antes se as vítimas tivessem sido ensinadas sobre os sinais de abuso psicológico, *porque a realidade é que relacionamentos problemáticos e relacionamentos abusivos podem, algumas vezes, ser assustadoramente parecidos.*

Educação e conscientização são os primeiros e mais óbvios passos na direção de quebrar o silêncio. As pessoas precisam saber que situações de abuso podem se apresentar de forma diferente da violência física ou que podem ter exatamente a mesma forma de agressões físicas. Contudo, de qualquer modo, a VPPI é inaceitável e a igreja tem a responsabilidade de denunciar e sair em defesa de quem está sofrendo. Porém, sem ensino proativo sobre violência no namoro e abuso psicológico, como podemos esperar que adultos e pastores — ou futuros adultos e pastores — de nossas igrejas possam reconhecer quando um relacionamento cruzou a tênue linha entre um relacionamento difícil e um abusivo? Qual é exatamente a diferença entre ambos?

DIFÍCIL VS ABUSIVO: DIFERENCIANDO UM RELACIONAMENTO PROBLEMÁTICO DE UM RELACIONAMENTO ABUSIVO

"O problema não é o casamento em si. De acordo com Gênesis 1 e 2, fomos criados para o casamento e ele foi criado para nós. Gênesis 3 diz que o casamento, como outros aspectos da vida humana, foi destruído por causa do pecado."[13]

Embora Deus tenha criado o casamento e o valorize a ponto de usá-lo como metáfora para o seu relacionamento pactual com a Igreja, o matrimônio encontra-se inerentemente quebrado por causa da natureza pecaminosa do ser humano. Todos os relacionamentos sofrerão conflitos e todas as pessoas pecarão contra aqueles que estão a seu redor. Todavia, é crucial identificar e reconhecer a diferença entre uma

---

[13] KELLER, T; KELLER, K. *O significado do casamento*. São Paulo: Vida Nova, 2012, p. 56.

questão de relacionamento e uma questão de pecado pessoal, entre erros e abusos intencionais.

Casos de violência física e sexual são relativamente fáceis de serem identificados como questões de pecado pessoal (com vítimas e autores facilmente identificados) por causa de sua natureza visível, mas e quanto ao abuso emocional e psicológico? As táticas traiçoeiras usadas nesse tipo de violência têm afetado quase metade da população dos EUA e, mesmo assim, têm sido reduzidas a meros problemas conjugais ou de relacionamento (sem vítimas aparentes ou agressores).[14] Parte do que torna tão difícil de reconhecê-las é o fato de que todo mundo irá ocasionalmente cruzar essa linha e ferir os sentimentos de seu cônjuge ou parceiro em algum momento.

COMO PODEMOS DETERMINAR O QUE É UM CONFLITO SAUDÁVEL, O QUE É UMA DIFICULDADE E O QUE É UM ABUSO?

Apesar da natureza pecaminosa inerente à humanidade, um relacionamento saudável mostrará um histórico em que os parceiros crescem, mudam e assumem responsabilidades pelas próprias ações. Parceiros nesse tipo de relacionamento não irão minimizar a culpa pelas atitudes que tomam, muito menos jogá-la sobre o outro. Ao invés disso, apresentarão

---

[14] BLACK, M. C.; BASILE, K. C.; BREIDING, M. J.; SMITH, S. G.; WALTERS, M. L.; MERRICK, M. T.; CHEN, J.; STEVENS, M. R. *The National Intimate Partner and Sexual Violence Survey*: 2010 Summary Report. Atlanta: National Center for Injury and Prevention and Control e Centers for Disease Control and Prevention, 2011. Disponível em: https://www.cdc.gov/violenceprevention/pdf/nisvs_report2010-a.pdf.

comportamentos de honestidade e arrependimento. Em relacionamentos saudáveis, ambas as partes devem ter a possibilidade de se comunicar e discordar sem medo de reações de retaliação ou julgamento do outro (tais como o parceiro se fechar e se recusar a dar continuidade à conversa, além de atitudes de manipulação, humilhação, menosprezo, degradação ou punição) durante situações de conflito. De modo geral, bons relacionamentos não são definidos pelas ocorrências pecaminosas, mas caracterizados por um amor que reflete cada vez mais os atributos listados em 1Coríntios 13.4-7:

> "O amor é paciente, o amor é bondoso. Não inveja, não se vangloria, não se orgulha. Não maltrata, não procura seus interesses, não se ira facilmente, não guarda rancor. O amor não se alegra com a injustiça, mas se alegra com a verdade. Tudo sofre, tudo crê, tudo espera, tudo suporta."

Por outro lado, tanto relacionamentos difíceis quanto abusivos tendem a apresentar características de desonestidade, egoísmo, falta de respeito, comunicação ruim, narcisismo, distância interpessoal e pressão psicológica para que o parceiro mude ou distorça suas próprias convicções e opiniões. Devido a todos esses fatores em comum, saber a diferença entre relacionamentos meramente difíceis e abusivos pode ser algo desafiador. Contudo, há duas distinções principais:

O *equilíbrio de poder* e o *padrão de comportamento.*

O abuso deriva da necessidade de um parceiro dominar o outro e manter esse domínio. Por outro lado, em relacionamentos apenas difíceis, ainda haverá um grau relativo de igualdade entre os parceiros. Assim, em situações de conflito, a fonte do problema raramente será uma única pessoa; ao invés disso, tende a ser uma via de mão dupla na qual cada parceiro exibe comportamentos negativos em diferentes graus, que levam a uma piora da situação como um todo. Inversamente, relacionamentos abusivos irão exibir um diferencial de poder extremo entre as partes envolvidas. O domínio de uma pessoa sobre a outra, através de manipulação, coerção ou dominação, é responsável por marcar e delimitar situações de abuso (perceba: domínio NÃO É a mesma coisa que autoridade bíblica no casamento. Veja o capítulo 2).

Há cinquenta anos, um relacionamento não seria taxado como abusivo a não ser que agressões físicas estivessem envolvidas.[15] Porém, sabemos que abusos acontecem de diversas maneiras e que todas elas criam uma cultura de controle e sujeição entre as partes envolvidas. Para obter esse patamar de mudança nos relacionamentos, em que um difícil torna-se abusivo, há um predomínio prolongado de comportamentos questionáveis e problemáticos de um parceiro sobre o outro. Essa conduta persistente é o melhor indicador de que o relacionamento mudou de complicado para abusivo, especialmente se ela não é alterada perante o confronto.

Alguns dos principais comportamentos repetitivos para caracterizar um parceiro como emocional ou psicologicamente abusivo são:

---

[15] É possível considerar que, no Brasil, outros tipos de violência passaram a ser considerados na caracterização de relacionamentos abusivos a partir da promulgação da Lei Maria da Penha, em 07 de agosto de 2006, uma vez que, anteriormente a ela, até os casos mais graves de violência doméstica eram negligenciados perante a justiça.

- Culpar o outro e não assumir responsabilidade;
- Ficar na defensiva quando confrontado;
- Minimizar suas próprias ações;
- Repetir comportamentos dolorosos;
- Distorcer as palavras do parceiro;
- Mostrar-se relutante em receber *feedbacks* ou críticas;
- Retaliar ou ser vingativo;
- Insistir em controlar ou reter as finanças;
- Isolar o parceiro de amigos ou família;
- Impedir o parceiro de obter ou manter um emprego;
- Vangloriar-se de seu privilégio masculino, sua posição de chefe da casa ou sua autoridade bíblica;
- "Emburrar-se", ou seja, ficar calado e se recusar a responder quando irritado ou magoado;
- Ter reações de ciúme exagerado;
- Monitorar chamadas telefônicas e mensagens;
- Xingar, comparar o parceiro a outras pessoas, diminuí-lo na frente de outras pessoas;
- Não permitir que o parceiro tome nenhuma decisão importante;
- Não dar o mínimo valor à opinião do parceiro; e
- Não respeitar os limites ou as decisões do parceiro.

É importante lembrar que, em todos os casamentos, existirão episódios isolados de comportamentos pecaminosos por parte de cada cônjuge, mas em relacionamentos abusivos haverá um padrão contínuo de comportamentos de controle, coerção ou manipulação por parte de uma das pessoas sobre a outra.

- SAUDÁVEL → um padrão de perdão e crescimento mútuos.

- DIFÍCIL → um padrão crescente de (pelo menos, até certo ponto) indiferença, raiva e separação.

- ABUSIVO → um padrão crescente de dominação, controle e manipulação por parte de um dos parceiros.

Em última análise, o abuso não é um problema de relacionamento, mas de pecado pessoal.

As vítimas não pedem para ser abusadas, não merecem passar por isso, tampouco causam a violência doméstica. Os agressores, por outro lado, sempre tomam a decisão de oprimir e violentar.[16]

Por isso, é essencial que, quando estivermos trabalhando com um casal e suspeitarmos de que qualquer situação de abuso esteja ocorrendo, consideremos fortemente começar aconselhando individualmente os envolvidos em vez de aconselhar o casal de forma conjunta. O aconselhamento individual permite com que cada parceiro fale sobre suas preocupações de forma segura e privada, sem medo de retaliação ou manipulação por parte da outra pessoa. Por outro lado, se há abuso, o aconselhamento do casal no mesmo momento coloca a vítima em uma situação perigosa, na qual o autor das agressões pode manipular a sessão a seu próprio favor. Além disso, qualquer coisa que for dita durante a sessão poderá ser

---

[16] NATIONAL DOMESTIC VIOLENCE HOTLINE. *How Can I Talk to My Abuser?*: How Manipulation Prevents Problem-Solving. 2019. Disponível em: https://www.thehotline.org/2019/02/05/how-can-i-talk-to-my-abuser/.

usada posteriormente como desculpa para retaliação por parte do abusador.[17]

Por essas razões, o comportamento abusivo deve ser confrontado e resolvido *individualmente* antes que quaisquer passos na direção de cura ou reconciliação sejam tomados.

PONTOS DE AÇÃO:

- Lembrar que, em sua origem, abusos têm a necessidade de poder e controle;

- Abusos são caracterizados por um padrão desigual de poder dentro dos relacionamentos, sustentado através de manipulação, coerção ou dominação;

- Abusos não se referem a uma questão de dificuldade nos relacionamentos, mas de pecado pessoal do abusador;

- Sessões de aconselhamento conjugal não devem ser utilizadas para resolver problemas de relacionamentos abusivos;

- Ensinar os jovens da igreja sobre a diferença entre relacionamentos saudáveis, difíceis e abusivos é imprescindível para protegê-los. Se a leitura em inglês é uma realidade para eles, peça para que visitem o site houseoffaithandfreedom.org;

---

[17] Id. *Why We Don't Recommend Couples Counseling for Abusive Relationships.* 2014. Disponível em: https://www.thehotline.org/2014/08/01/why--we-dont-recommend--couples-counseling-for-abusive-relationships/. STINES, S. Why Couples Counseling Doesn't Work in Abusive Relationships. *Psych Central.* 2015. Disponível em: https://pro.psychcentral.com/why-couples-counseling-doesnt-work-in-abusive-relationships/.

- Prestar atenção, durante as sessões de aconselhamento conjugal, em tendências comportamentais de controle, manipulação e dominação é importante para saber identificar possíveis vítimas.

ANOTAÇÕES

Capítulo 2

ERROS COMUNS

Ao longo dos últimos cinco anos, a cultura popular dos EUA passou por uma mudança sem precedentes no discurso público em relação às temáticas de abuso doméstico e violência sexual, já que o surgimento das campanhas "*Me Too*", "*Time's Up*" e "*No More*" começaram a dar voz às vítimas de violência. Entretanto, à exceção dos escândalos de abuso sexual dentro da Igreja Católica, esse assunto particularmente não tocou de forma tão profunda a comunidade cristã em geral.

Embora 98% dos pastores evangélicos acreditem que vítimas de violência doméstica encontrariam um porto seguro nas igrejas que eles pastoreiam, apenas metade deles possui um plano efetivo de auxílio para quando se deparar com uma delas.[18] Além disso, um estudo de 2017 mostrou que nenhum

---

[18] LIFEWAY RESEARCH. *Domestic Violence and the Church: Research Report*. 2016. Disponível em: http://lifewayresearch.com/wp-content/uploads/2017/02/Domestic-Violence-and-the-Church-Research-Report.pdf.

dos pastores entrevistados se sentia adequadamente preparado para aconselhá-las.[19]

Por que o corpo de Cristo tanto se silencia em relação à questão do abuso ao longo da história? Por que existem tão poucos pastores que se sentem preparados para aconselhar vítimas de violência doméstica? Por que nós não temos grupos de apoio e medidas preventivas estruturados para lidar com esse problema dentro de nossas congregações e na comunidade como um todo?

Os maiores erros da Igreja em relação à violência doméstica são o silêncio, a ignorância e a falta de preparo.

ERROS PASTORAIS: COMO EVITAR CAUSAR SOFRIMENTO INADVERTIDAMENTE

Cada pessoa, cada relacionamento e cada aspecto da violência doméstica é único. Não há uma regra bíblica geral para abusos domésticos. Todavia, este livro visa ajudar igrejas locais a criarem uma estrutura básica de como proceder quando uma situação de abuso aparecer, porque, embora nenhuma igreja intencionalmente forneça um aconselhamento ruim ou deliberadamente coloque seus membros em risco, a negligência pode resultar nos mesmos desfechos das más intenções. *Há diferença entre sermos bem-intencionados e sermos bem-informados.*

---

[19] ZUST, B. L.; HOUSLEY, J.; KLATKE, A. Evangelical Christian Pastors' Lived Experience of Counseling Victims/Survivors of Domestic Violence. *Pastoral Psychology*, 2017, v. 66, p. 675-687. DOI: doi.org/10.1007/s11089-017-0781-1. Disponível em: https://link.springer.com/article/10.1007/s11089-017-0781-1.

Os tópicos a seguir evidenciam alguns dos erros comumente cometidos por pastores e líderes de igrejas quando trabalham com vítimas ou abusadores:[20]

1) Minimização

Um dos erros mais preocupantes cometidos por pastores é não assumir que a violência doméstica está ocorrendo dentro de sua própria congregação ou comunidade; se eles não esperam encontrá-la, irão negligenciar os sinais de que ela está acontecendo. Isso fica mais visível em casos de abuso emocional e psicológico que geralmente vêm mascarados com o disfarce da "autoridade bíblica" do marido sobre a esposa ou confundidos com problemas típicos de relacionamento. Eu não estou dizendo que pastores devem ser paranoicos, mas que eles devem estar preparados. Se alguma pessoa relatar que foi ou está sendo abusada, é importante que essa revelação seja levada a sério. Minimizar as experiências de alguém pode ser incrivelmente prejudicial. Por outro lado, afirmar e validar seu relato pode ser de valor inestimável.

2) Reação exagerada

O erro oposto da minimização é a reação exagerada. Quando uma vítima relata um abuso, pode ser tentador tomar atitudes imediatas. Pastores e líderes que não são treinados em reconhecimento de traumas podem rapidamente partir

---

[20] Miles, Al. *Domestic Violence*: What Every Pastor Needs to Know. Fortress Press, 2ª edição. 2011. SPANSEL, Mark. How to Combat Domestic Violence in the Church. *The Gospel Coalition*, 2016. Disponível em: https://www.thegospelcoalition.org/article/how-to-combat-domestic-violence-in-the-church.

para a confrontação do abusador sem considerar a segurança ou o papel da vítima. Sempre que possível (exceto no caso de uma obrigação legal ou moral de denunciar, que será discutida no capítulo 5), dar à vítima o poder de escolha sobre quem irá saber sobre o problema relatado e quais passos serão tomados para solucioná-lo é essencial. Em geral, as vítimas estão apenas procurando por um lugar seguro para poderem falar e ainda não estão preparadas para romperem seus relacionamentos ou confrontarem seus parceiros. Por isso, é importante respeitar a autonomia de cada indivíduo em relação à maneira como desejam conduzir a situação.

O erro da reação exagerada pode levar a decisões impensadas que podem colocar a vítima, a congregação e outros líderes em risco. Antes que as igrejas tomem qualquer iniciativa significativa para confrontar o abusador, deve haver um plano de ação concreto preparado para ser usado pelos pastores e pela liderança.

3) Não pedir ajuda

Para pastores e líderes, a máxima "10% das pessoas realizam 90% do trabalho" pode parecer perturbadoramente precisa. O *"burnout* ministerial" é geralmente causado pelas esmagadoras necessidades da congregação comparadas à baixa quantidade de voluntários para ajudar a supri-las. Isso, por sua vez, pode ser perpetuado pelo hábito dos líderes de sempre interferirem na realização do trabalho necessário em vez de deixar que a congregação sinta o peso de necessidades não atendidas. Porém, o corpo de Cristo não deveria funcionar dessa maneira! *Cada membro deveria contribuir com seus dons e com suas habilidades singulares.*

De forma semelhante, a igreja possui um longo histórico de tentar fazer a diferença na comunidade sem pedir a ajuda de instituições seculares — geralmente, em detrimento de si própria. Casos de abuso são um perfeito exemplo disso! As diversas necessidades de uma vítima de violência doméstica podem variar desde necessidades jurídicas até as de moradia. É importante compreender que a igreja simplesmente não é treinada ou equipada para prestar assistência em algumas dessas áreas e, quando tenta fazer isso, fica sobrecarregada, além de prestar um auxílio displicente à vítima.

Portanto, é fundamental a liderança eclesiástica entender que não há problema em pedir ajuda! Bons pastores e líderes sabem quando as vítimas podem ser mais bem auxiliadas por outras pessoas ou instituições e não têm medo de indicá-las. Ao construir uma rede de recursos antecipadamente, eles asseguram que qualquer pessoa que venha até eles pedindo ajuda a receba sem falta e sem atraso. Da mesma forma que devemos chamar a polícia quando há ameaças à igreja ou o corpo de bombeiros quando há incêndios, envolver entidades treinadas para lidar com casos de violência doméstica faz parte do que significa ser um líder responsável.

4) Ênfase exagerada na preservação do casamento

Deus coloca um valor incrivelmente alto no casamento, mas não um valor maior do que o que ele coloca em seu povo. Insistir que alguém permaneça em um casamento abusivo passa a mensagem de que a instituição é mais importante do que a segurança e o bem-estar do indivíduo. Deus é a favor de seus filhos, e não da opressão e dos ferimentos infligidos a eles!

Ao lidar com violência doméstica, é importante que a liderança de nossas igrejas procure apresentar à vítima o maior número de opções possíveis para lidar com a situação, incluindo a possibilidade de separação e divórcio. Sabemos que Deus pode fazer todas as coisas, incluindo a restauração de casamentos abusivos; todavia, algumas vezes o dano ou os riscos de se permanecer em um relacionamento são muito altos. Para mais informações sobre reconciliação e divórcio em situações de abuso, leia o capítulo 8.

5) Tentar permanecer neutro

Geralmente casais frequentam a mesma igreja, então é lógico assumir que um suposto abusador e uma suposta vítima também congregarão no mesmo lugar. Nessa situação, pode parecer sensato que os líderes tentem manter uma postura neutra entre as duas partes. Entretanto, ao não se posicionar para solucionar a situação, a liderança efetivamente escolhe favorecer o abusador.

Tratar casos de violência doméstica como meros problemas de relacionamento, no qual as duas pessoas contribuem para o agravamento da situação, é algo que perpetua a culpabilização da vítima. Abusos são problemas de pecado e, sendo assim, é necessário que medidas de proteção adequadas sejam oferecidas à vítima, além de que consequências e prestação de contas apropriadas ocorram ao abusador. Isso não significa que pastores e líderes não devam investigar alegações de violência doméstica ou ponderar as acusações feitas com cautela; pelo contrário, apenas significa que as vítimas nunca deveriam ser responsabilizadas pelas escolhas pecaminosas de seus parceiros.

6) Má aplicação das Escrituras

Hebreus 4.12 diz: *"Porque a palavra de Deus é viva e eficaz, e mais cortante do que qualquer espada de dois gumes, e penetra até o ponto de dividir alma e espírito, juntas e medulas, e é apta para julgar os pensamentos e propósitos do coração."* De fato, a Bíblia é a própria Palavra de Deus: autoridade, instrução e guia para as nossas vidas! Portanto, nós não devemos ter pouca consideração pelos ensinamentos que encontramos em suas páginas. A autoridade, a seriedade com que tratamos a aliança do casamento e o perdão são apenas uma porção dos muitos e muitos preceitos encontrados na Bíblia que podem ser diretamente aplicados ao problema da violência doméstica.

Em qualquer situação em que as Escrituras sejam interpretadas e usadas em nossas vidas, é essencial prestarmos atenção ao contexto da passagem e utilizarmos uma exegese bíblica responsável, em vez de selecionarmos versículos isolados e impormos nossas próprias interpretações pessoais a eles (prática denominada "eisegese"). Trechos tirados de contexto podem ser utilizados para causar danos inimagináveis em nome de Deus. O próprio Satanás utilizou uma forma de eisegese quando tentou Jesus no deserto (Mateus 4.1-11), justamente por saber que as melhores mentiras são baseadas na verdade!

Nesse sentido, abusadores podem utilizar até mesmo as Escrituras como uma forma de ganhar poder sobre suas vítimas. No entanto, esse tipo de abuso espiritual é incrivelmente difícil de reconhecer e de refutar. Infelizmente, alguns pastores involuntariamente reforçam o sofrimento das vítimas quando também aplicam as Escrituras de formas errôneas ao aconselharem pessoas que passam por violência doméstica.

Certamente nem sempre é isso que acontece, mas é bom que a liderança da igreja tenha um cuidado especial nessa área.

Em espírito de oração, é importante que os líderes eclesiásticos considerem as passagens centradas em submissão, autoridade, reconciliação etc. quando forem auxiliar vítimas de abuso, além de também ser fundamental que eles sempre interpretem essas passagens dentro do contexto das Escrituras como um todo e dentro do contexto da passagem em particular.

7) Uso de aconselhamento matrimonial

Muitos pastores confundem abuso, especialmente os de ordem psicológica ou emocional, com problemas comuns dos relacionamentos conjugais. Isso pode ser agravado pelo fato de que, embora situações abusivas sejam geralmente reveladas ao longo do tempo, seus aspectos mais graves ainda permanecem escondidos. Sem uma busca minuciosa por indicadores que revelem diferenças de poder e táticas de controle, é fácil afirmar que um casal precisa trabalhar junto para resolver os problemas do relacionamento nas sessões de aconselhamento.

Por outro lado, aconselhamento conjugal não deveria ser utilizado como uma medida imediata para lidar com casos de violência doméstica.[21] A principal razão para isso

---

[21] NATIONAL DOMESTIC VIOLENCE HOTLINE. *Why We Don't Recommend Couples Counseling for Abusive Relationships*. 2014. Disponível em: https://www.thehotline.org/2014/08/01/why-we-dont-recommend--couples-counseling-for-abusive-relationships/.

STINES, S. *Why Couples Counseling Doesn't Work in Abusive Relationships*. Psych Central. 2015. Disponível em: https://pro.psychcentral.com/why-couples-counseling-doesnt-work-in-abusive-relationships/.2015.

é a segurança. Vítimas ficam essencialmente amordaçadas em contextos de aconselhamento matrimonial por causa do medo de revelarem as situações de violência vivenciadas na presença do abusador; qualquer coisa que possam dizer provavelmente irá resultar em retaliação por parte do parceiro quando chegarem casa. Além disso, o aconselhamento matrimonial trata o abuso como um problema de relacionamento no qual ambas as partes precisam mudar sua abordagem em relação ao conflito, em vez de um problema de pecado da parte do abusador. Na verdade, aconselhamento matrimonial passa a mensagem de que as vítimas são, de alguma maneira, responsáveis pelo abuso que sofreram e falha em responsabilizar os abusadores por seus atos.

8) Confundir remorso com arrependimento e perdão com reconciliação

Como cristãos, cremos que ninguém está tão perdido a ponto de Deus não poder salvar e redimir e que nenhum pecado é grande demais que o Senhor não possa perdoar. Como pastores e líderes, é importante que não definamos alguém por conta de erros passados — mas é igualmente importante que sejamos sábios, cautelosos e prudentes, além de agirmos com discernimento. Há uma grande diferença entre alguém que se sente mal por aquilo que fez e uma pessoa que assume a responsabilidade pelas próprias ações. Semelhantemente, há uma diferença entre perdão (mudança interna) e reconciliação (mudança externa).

Disponível em: <https://pro.psychcentral.com/why-couples-counseling-doesnt-work-in-abusive-relationships/>

Ao lidar com alguém que agiu de forma abusiva, é essencial discernirmos se a pessoa assumiu a responsabilidade por aquilo que fez e está disposta a se submeter às consequências apropriadas e prestar contas a longo prazo para uma mudança real, ou se ela simplesmente se sente mal por ter sido descoberta. De maneira similar, a Bíblia ordena às vítimas a perdoarem os seus abusadores, mas não desconsidera que, em alguns casos, o dano causado foi tão grande ou que há tanto risco envolvido a ponto de uma reconciliação não poder ser considerada como uma opção segura. Por isso, é importante que líderes espirituais compreendam o fato de remorso não ser igual a arrependimento, e perdão não ser igual à reconciliação. Para mais informações sobre o assunto, leia o capítulo 8.

AUTORIDADE BÍBLICA, EISEGESE E MANIPULAÇÃO

Então o Diabo o levou à cidade santa, colocou-o na parte mais alta do templo e lhe disse: "Se és o Filho de Deus, joga-te daqui para baixo. Pois está escrito: 'Ele dará ordens a seus anjos a seu respeito, e com as mãos eles o segurarão, para que você não tropece em alguma pedra'".
Jesus lhe respondeu: "Também está escrito: 'Não ponha à prova o Senhor, o seu Deus'".
(Mateus 4.5-7)

Em Mateus 4, o diabo utiliza as Escrituras fora de contexto como uma ferramenta para tentar a Jesus. Esse tipo de engano, no qual afirmações ou promessas não confiáveis são feitas, é chamado de *paltering* (manipulação) e é incrivelmente difícil de ser percebido e refutado. Da mesma forma como o diabo tentou fazer com Jesus, abusadores que são familiarizados com as Escrituras podem tentar manipular suas vítimas ao aplicar ou interpretar de forma errada determinados versículos (eisegese).

Um exemplo comum dessa tática é a má aplicação do conceito de autoridade bíblica, especialmente no que diz respeito à autoridade do marido sobre sua esposa. Um abusador pode citar passagens como Efésios 5.22,23 como justificativa para controlar seu cônjuge:

> *"Mulheres, sujeite-se cada uma a seu marido, como ao Senhor, pois o marido é o cabeça da mulher, como também Cristo é o cabeça da igreja, que é o seu corpo, do qual ele é o Salvador."*

Citar esses versículos como uma desculpa para subjugar o cônjuge é fazer uma péssima interpretação das Escrituras e *paltering*. Antes da passagem citada acima, em Efésios 5, está o versículo 21, que diz: "Sujeitem-se uns aos outros, por temor a Cristo" e, quatro versículos depois, o verso 25, que menciona: "Maridos, ame cada um a sua mulher, assim como Cristo amou a igreja e entregou-se por ela". Dentro do contexto mais amplo da passagem, fica claro que a autoridade dos maridos sobre suas esposas, dada por Deus, não é sinônimo de ditadura relacional. O contexto e a intenção autoral nas Escrituras são essenciais à interpretação correta dos textos bíblicos!

Com isso em mente, as Escrituras, de fato, estabelecem várias áreas nas quais os crentes modernos ainda têm o dever de se submeterem à autoridade, como por exemplo:

- Filhos aos pais (Colossenses 3.20; Efésios 6.1);
- Esposas aos maridos (Efésios 5.22-24; Colossenses 3.18; 1Pedro 3.1-7);
- Cidadãos ao governo (1Pedro 2.13; Romanos 13.1; Tito 3.1);
- Membros da igreja aos presbíteros, ou seja, à liderança (Hebreus 13.17);
- Cristãos uns aos outros (Romanos 7.4; Efésios 5.21);
- Crentes a Deus ou a Cristo (Tiago 4.7; Jó 22.21).

Dentro do contexto maior da autoridade bíblica, fica evidente que esses chamados à submissão irão ocasionalmente colidir entre si. O que acontece, por exemplo, quando as autoridades governamentais proíbem a adoração cristã? Ao longo do Novo Testamento, muitos líderes proeminentes da igreja primitiva foram presos, espancados e perseguidos por pregarem publicamente a sua fé. Obviamente, nesses casos, a submissão a Cristo tinha (e continua tendo) maior peso se comparada à submissão às autoridades governamentais. Da mesma forma, o chamado para que cristãos se submetam uns aos outros e se submetam a Cristo é maior do que o chamado para que eles se submetam a um presbítero ou um líder da igreja que caiu em falsos ensinos ou em imoralidade.

Em cada uma dessas instâncias, o comportamento que honra a Deus é mais importante do que a submissão em oposição ao coração e aos preceitos do Senhor.

Em casos de abuso doméstico nos quais o marido utiliza de forma errada a autoridade das Escrituras para envergonhar ou ganhar poder sobre sua esposa, é essencial lembrar que isso representa uma violação direta dos mandamentos e intenções de Deus para a autoridade do marido (1Pedro 3.7). A visão do Senhor sobre autoridade é, e sempre foi, um chamado ao serviço. O próprio evangelho é uma narrativa sobre o uso de poder e autoridade divina para garantir a liberdade do outro. Deus tinha todo o direito de nos condenar à morte, mas, em vez disso, enviou seu único Filho para morrer por nossos pecados, com o objetivo de que tivéssemos liberdade em Cristo.

Mesmo em sua vida terrena, Jesus recusou as marcas tradicionais de autoridade em favor do serviço aos demais. Ele poderia ter vindo à terra como um rei rico, um líder dominante ou o cabeça de um poderoso exército, já que muitos dos israelitas esperavam que o Messias viesse dessa maneira e os libertasse da opressão do Império Romano. Todavia, Jesus optou por viver a sua vida terrena como um comerciante comum e um mestre humilde. Quando os discípulos estavam discutindo entre si sobre quem seria o maior, Jesus os reuniu e disse:

> *"Vocês sabem que aqueles que são considerados governantes das nações as dominam, e as pessoas importantes exercem poder sobre elas. Não será assim entre vocês. Ao contrário, quem quiser tornar-se importante entre vocês deverá ser servo; e quem quiser ser o primeiro deverá ser escravo de todos. Pois nem mesmo o Filho do homem veio para ser servido, mas para servir e dar a sua vida em resgate por muitos." (Marcos 10.42-45)*

A intenção de Deus ao estabelecer autoridade é a de que lideranças servis, e não opressoras, sejam realizadas. Dentro do casamento, a autoridade do marido não implica que a esposa tenha menos valor ou que o esposo seja, de alguma maneira, superior a ela; não significa que a mulher seja algo menos do que um indivíduo único ou que tenha opiniões dignas de menor atenção, além de certamente não significar que o marido tenha licença para zombar, menosprezar, desconsiderar ou agir como tirano sobre ela.

Timothy Keller, em seu livro *O significado do casamento*, diz:

> *"Em Efésios 5, Paulo mostra que nem mesmo quando Jesus esteve na terra usou seu poder para oprimir, mas sacrificou tudo para tornar possível nossa união a ele. Passamos, desse modo, do filosófico para o pessoal e prático. Se Deus tinha em mente o evangelho da salvação em Jesus quando instituiu o casamento, então o casamento só 'funciona' à medida que se aproxima do modelo de amor abnegado de Deus em Cristo."*[22]

Quando um homem submete sua esposa a comportamentos violentos, manipuladores, humilhantes ou degradantes, ele está fazendo mau uso da autoridade que Deus concedeu a ele como marido. Quando a esposa se recusa a se submeter a situações de abuso, pede por ajuda ou se afasta de um cônjuge que vive em pecado persistente, ela está honrando a Deus ao proteger a si mesma e a seus filhos e ao não permitir que seu marido continue em seu comportamen-

---

[22] KELLER, T; KELLER, K. *O significado do casamento*. São Paulo: Vida Nova, 2012, p. 59.

to pecaminoso. Ela escolheu a autoridade de Deus frente à autoridade do homem.

1Pedro 3.1,2 é outra passagem frequentemente mal utilizada para corroborar a ideia de que esposas devem se submeter a maridos abusivos com a esperança de mudança de coração:

> *"Do mesmo modo, mulheres, sujeitem-se a seus maridos, a fim de que, se alguns deles não obedecem à palavra, sejam ganhos sem palavras, pelo procedimento de sua mulher, observando a conduta honesta e respeitosa de vocês."*

A proximidade desse trecho com a dissertação de Pedro sobre sofrimento redentivo e sobre suportar abusos nos capítulos 2 e 4 da carta tem frequentemente levado a interpretações problemáticas do texto.

Steven Tracy ressalta que, de acordo com as Escrituras, suportar abuso apenas possui caráter de redenção se o abuso em questão for (1) motivado pelo caráter piedoso da vítima, como discutido em 1Pedro 4.14-16, e (2) inevitável. Jesus repetidamente se escondeu, fugiu ou manteve distância das autoridades para evitar ser fisicamente atacado ou morto (Mateus 12.14,15; João 8.59; João 11.53,54; João 10.39). Quando ele eventualmente foi sujeitado aos abusos da cruz, é porque não havia outra maneira de obter a salvação. Vale ressaltar que, mesmo no calvário, Jesus orou por uma saída caso isso fosse possível (Mateus 26.39).[23]

---

[23] TRACY, S. Domestic violence in the church and redemptive suffering in I Peter. *Calvin Theological Journal*, v. 41, 2006, p. 279-296. Disponível em: https://mlhlsi.infiniteuploads.cloud/2021/01/DomViol1PeterCTJ.pdf.

Então, quando Pedro diz que um marido descrente pode se converter pela boa conduta de sua esposa, ele não está propondo que ela deva sujeitar a si mesma a abusos e sofrimentos que possam ser evitados. Como estabelecido anteriormente, muito frequentemente o comportamento mais honrável que uma esposa pode mostrar a seu esposo é confrontar o comportamento pecaminoso dele, estabelecer limites, permitir ações disciplinares por parte da sociedade civil e da liderança eclesiástica, encorajar a prestação de contas e, em alguns casos, fugir ou abandonar completamente aquele relacionamento. Esse tipo de atitude encoraja os maridos a lidarem com seus pecados persistentes e impenitentes de forma com que recebam ajuda.

PONTOS DE AÇÃO

• Procurar não minimizar ou reagir exageradamente a revelações ou acusações de abuso. Ponderar tudo em oração, apoiar-se na sabedoria da liderança da igreja e levar todas as revelações das vítimas a sério é o que deve ser feito;

• Lembrar-se de que Deus valoriza mais o seu povo do que a instituição do casamento. Não arriscar a segurança de alguém na tentativa de salvar um relacionamento (ver capítulo 9);

• Não fazer aconselhamento conjugal com um casal que viva em situação de abuso, seja ela qual for (físico, sexual, psicológico, espiritual ou emocional). Sempre aconselhar de forma individual primeiramente, com o objetivo de promover um espaço seguro para que a vítima fale e um para aconselhar os problemas do abusador;

o Se ao longo de um aconselhamento conjugal for revelado ou houver a suspeita de que pode haver abuso ocorrendo, pedir ao casal que cada um participe de uma sessão individual antes de continuar o aconselhamento com os dois juntos. Essa sessão pode ser usada para obter mais informações e garantir à possível vítima uma chance de revelar ou falar sobre suas preocupações em um ambiente seguro;

• Não ter medo de pedir por ajuda de outros membros da liderança ou da congregação em geral. Conhecer os recursos disponíveis é fundamental!

• Ficar de olho para perceber o uso das Escrituras como uma ferramenta de abuso e controle por parte de algum dos parceiros. Familiarizar-se com passagens que falem sobre autoridade bíblica para evitar situações de eisegese.

ANOTAÇÕES

Capítulo 3

DAR O PRÓXIMO PASSO

Nossas igrejas desejam ajudar as vítimas de violência doméstica, mas qual o próximo passo?

O primeiro e mais simples passo para se tornar uma igreja que ama as vítimas é iniciar conversas e discussões sobre situações de abuso e entender as necessidades de cada pessoa violentada.

A VPPI se desenvolve às escuras, sendo uma assassina furtiva que persegue nossas congregações e comunidades devido ao fato de ser uma realidade escondida e ignorada. É por isso que pouquíssimas igrejas realmente pregam sobre o tema da violência doméstica, tampouco treinam de forma proativa seus pastores e funcionários para trabalhar com vítimas e/ou agressores. Educar e conscientizar a comunidade eclesiástica sobre abusos e situações de abuso domiciliar significa que a igreja já começou a criar uma cultura que não tolera a VPPI.

Dito isso, é preciso ressaltar que apenas pronunciar-se não é suficiente. 1João 3.18 diz: *"Filhinhos, não amemos de palavra nem de boca, mas em ação e em verdade."* Jesus nos chama para fazer mais do que falar do seu amor; ele nos chama para viver conforme seus ensinamentos. A igreja é, nesse sentido, uma força enorme que, até aqui, foi praticamente inexplorada no âmbito amoroso e na solução de problemáticas relativas à violência doméstica, embora tenha uma missão e obrigação moral de amar, servir e acolher os perdidos e feridos.

Ao simplesmente fazer o que Cristo nos ordenou, temos a oportunidade de ser uma parte da solução para a epidemia de VPPI, dando suporte às vítimas existentes e atuando para que outras não surjam.

Entretanto, as vítimas de abuso tendem a ter várias necessidades que podem variar desde aspectos como a falta de moradia segura, passando por situações de instabilidade financeira, até traumas mentais e emocionais desencadeados pelas situações de violência. Por isso, pode ser avassalador para a comunidade local tentar se preparar para dar suporte e auxílio a todas as possíveis demandas sem que haja um preparo efetivo para lidar com essa realidade. Este capítulo, por sua vez, visa fornecer ferramentas simples para ajudar a compreender as necessidades de cada vítima e as respostas apropriadas da igreja.

O QUE A HIERARQUIA DAS NECESSIDADES DE MASLOW NOS ENSISNA SOBRE AS NECESSIDADES DAS VÍTIMAS

Em meados do século XX, Abraham Maslow propôs uma teoria psicológica chamada de "hierarquia das necessidades". A teoria de Maslow é a de que existe uma classificação básica das necessidades humanas, a qual determina o que uma pessoa considerará como sendo um motivador/impulso para a tomada de determinadas atitudes em momentos específicos. Essa hierarquia é representada por uma pirâmide em que as demandas mais vitais estão na base e as necessidades elevadas, com seus motivadores correspondentes, nos níveis subsequentes (Figura 2).

Ao ler o modelo de Maslow, pense em alguém escalando uma pirâmide, um nível de cada vez. Até que as necessidades mais básicas de um indivíduo sejam atendidas na base da pirâmide, ele estará menos motivado a saciar os desejos humanos que estão nos níveis superiores dela.

Além da sua aplicação tradicional em relação às motivações humanas, descobri que o modelo de Maslow também pode atuar como um princípio organizador em áreas nas quais a igreja local, junto a instituições próximas, possa prestar assistência prática às vítimas de abuso doméstico. Há uma forma correspondente a cada tipo de necessidade, de modo que as congregações locais possam auxiliar de forma concreta e efetiva o indivíduo a avançar em sua jornada.

Cada uma das cinco necessidades de Maslow — física, segurança, social, estima e autorrealização — são brevemente analisadas neste capítulo e examinadas com mais detalhes ao longo dos capítulos seguintes do livro.

Pirâmide das necessidades de Maslow

NÚMERO UM: NECESSIDADE FISIOLÓGICA

De acordo com Maslow, o motivador humano mais proeminente é a necessidade física, que inclui aspectos básicos como comida, abrigo, sono etc. Até que essas demandas vitais sejam atendidas, a segurança, próximo nível da pirâmide, geralmente continuará sendo uma preocupação secundária. Por exemplo, sem comida, morreríamos de fome, ao passo que, em uma situação perigosa, estaríamos em risco de dano, mas provavelmente não morreríamos. Então, em termos gerais, é comum e plenamente compreensível que alguém escolha o sustento físico em detrimento da segurança individual.

Esse nível mais baixo da hierarquia de Maslow explica o motivo primário pelo qual alguém permanecerá em uma relação abusiva: a garantia de obtenção de necessidades físicas. Para que vítimas saiam de relações duradouras, é necessário um apoio financeiro substancial a fim de que as demandas fisiológicas que elas possuem sejam garantidas. Muitas delas não têm acesso a contas bancárias ou a dinheiro, além de estarem desempregadas, terem crianças para cuidar e sustentar, possivelmente estarem isoladas de amigos ou familiares e serem incapazes de encontrar moradia acessível por conta própria etc.

Um estudo de 2003 descobriu que cerca de quarenta e seis porcento das vítimas relataram que a falta de dinheiro era uma barreira para abandonar seus relacionamentos abusivos e cerca de vinte e oito porcento mencionaram que não tinham para onde ir.[24] A necessidade de ter um teto sobre suas cabe-

---

[24] ANDERSON, M. A.; GILLIG, P. M.; SITAKER, M.; MCCLOSKEY, K.; MALLOY, K.; GRIGSBY, N. Why Doesn't She Just Leave?: A Des-

ças e comida sobre a mesa quase sempre vencerá as ameaças que relacionamentos problemáticos e abusivos impõem à segurança física ou emocional dessas pessoas.

Esse, então, é o primeiro aspecto no qual a igreja tem a oportunidade de intervir. Tiago 2.15,16 diz: *"Se um irmão ou irmã estiver necessitando de roupas e do alimento de cada dia e um de vocês lhe disser: 'Vá em paz, aqueça-se e alimente-se até satisfazer-se', sem, porém, lhe dar nada, de que adianta isso?"* Do mesmo modo, se uma vítima de VPPI entra na igreja e confidencia que não pode deixar um relacionamento abusivo devido à falta de dinheiro, moradia, segurança ou comida, de que vale aconselhá-la?

Garantir essas demandas básicas não significa minimizar o valor de ouvir essas pessoas e orar por alguém em necessidade, porém é preciso reconhecer que esses atos significam muito pouco se atos práticos de amor não os sustentam. Da mesma forma, a fé, por si só, se não for acompanhada de obras, está morta (Tiago 2.17), de modo que a primeira forma de amar os feridos é ser as mãos e os pés físicos de Cristo, sem segundas intenções ou ressalvas, para auxiliá-los nas próprias necessidades.

Assim, a igreja local é um vasto poço de recursos, arrecadação e mão de obra para que mulheres violentadas sejam amparadas! Considerar destinar parte dos dízimos para ajudar vítimas em situação de emergência é uma ótima maneira de começar a solucionar esse problema. Manter *vouchers* de hotéis no gabinete pastoral da igreja e checar se alguém

---

criptive Study of Victim Reported Impediments to Her Safety. *Journal of Family Violence.* v. 18, p. 151-155, 2003.

na congregação teria a disponibilidade de oferecer moradia temporária segura, após um treinamento para amparo das vítimas, também são ações efetivas que realmente promovem soluções práticas para as situações de violência doméstica. Começar um mutirão para providenciar refeições, promover serviços temporários de babá para os filhos dessas mulheres e oferecer indicações sobre institutos de acolhimento e locais adequados para abrigá-las também são formas legítimas de auxílio, possíveis de serem aplicadas à realidade congregacional. Além disso, fazer campanhas de doação de fraldas e reunir voluntários para arrecadar cestas básicas para o abrigo local de vítimas de violência doméstica são outras maneiras de ajudá-las de forma concreta. As possibilidades aqui, honestamente, são infinitas!

NÚMERO DOIS: NECESSIDADE DE SEGURANÇA

Assim que as necessidades físicas das vítimas forem atendidas (isto é, elas decidem ir para abrigos, economizam dinheiro e tornam-se financeiramente independentes para poder ir embora ou passam a ter uma comunidade que pretende ajudá-las a ter suas necessidades básicas atendidas), a segurança substitui as demandas fisiológicas como principal motivador das atitudes dessas mulheres. Esse estágio ocorre normalmente quando a vítima decide que é perigoso ou emocionalmente destrutivo permanecer com seu parceiro, o que a faz traçar planos para ir embora.

Ironicamente, para ela, abandonar o abusador pode ser um ponto extremamente perigoso no relacionamento. Com isso em mente, o segundo campo em que a igreja pode auxiliar as vítimas é o das medidas de segurança. Se uma mulher revela que está em um relacionamento fisicamente abusivo, é absolutamente vital que haja líderes na congregação que possam conduzi-la, de forma segura, a deixarem seus lares (veja o capítulo 5).

Além disso, é importante que a liderança da igreja tenha uma agenda com indicações de instituições de apoio a mulheres em situação de violência doméstica, além de ser capaz de conectar as vítimas com advogados ou abrigos especializados em abusos domiciliares para ajudá-las a passar pelo processo de abandono do relacionamento. Essas indicações asseguram que as vítimas estejam recebendo ajuda de profissionais qualificados enquanto simultaneamente fortalecem os laços da igreja local com os órgãos comunitários.

Outras ideias para abordar questões de segurança incluem: coletar aparelhos antigos de celular com os membros da igreja para que as vítimas possam fazer chamadas de emergência em caso de necessidade (qualquer aparelho que possa ser ligado pode fazer chamadas de emergência, mesmo sem que possua plano de dados); instalar botões de pânico nos templos para identificação das possíveis vítimas; colocar cartazes ou cartões com linhas especiais de telefone que funcionem 24 horas por dia, nos banheiros femininos das igrejas (se não houver uma linha local para situações de emergência, é importante que as mulheres sejam direcionadas a contatar a Central de Atendimento à Mulher em caso de situações de perigo),[25] para que possam telefonar em caso de situações de perigo; manter um estoque de kits de emergência abas-

---

[25] A Central de Atendimento à Mulher pode ser acionada pelo Ligue 180, conforme anteriormente citado. [N. T.]

tecido com artigos de higiene e produtos de cuidados básicos no gabinete da igreja; e ter voluntários que pretendam e possam servir como uma "moradia segura" para pernoites de emergência.

Fora a segurança das vítimas, a igreja também precisa priorizar a proteção de qualquer criança que esteja presente na casa dessas pessoas e a defesa de toda a congregação. Estar ciente da responsabilidade da liderança eclesiástica como um notificador obrigatório (isto é, a obrigação legal de relatar suspeitas de abuso infantil)[26] e treinar uma equipe para a identificação de possíveis sinais de abuso infantil (capítulo 5) são aspectos igualmente primordiais no amparo a mulheres em situação de violência doméstica. Além disso, não ter medo de consultar instituições externas para assistência especializada e instruir a equipe da igreja — especialmente a do ministério infantil — sobre quando é necessário ou apropriado solicitar ação policial é outra forma de garantir segurança aos membros pastoreados. Por fim, em caso de alguém na congregação ser acusado de abusar de um membro da própria família, é importante que a igreja tenha um plano de confrontação, responsabilização, disciplina e, se necessário, desligamento do corpo de Cristo para tratar os agressores (veja mais no capítulo 7).

---

[26] Embora em nosso ordenamento jurídico tal obrigação esteja expressamente atribuída de forma coercitiva (ou seja, passível de punição caso não obedecido) aos profissionais de saúde e educadores, nos termos do artigo 245 do Estatuto da Criança e do Adolescente, é importante destacar que não deixa de ser um dever legal de todos, diante do disposto nos artigos 4º e 13 da mesma lei. [N. T.]

NÚMERO TRÊS: NECESSIDADE SOCIAL OU DE PERTENCIMENTO

Depois que sobreviventes tenham suas necessidades físicas atendidas e estejam a salvo, é comum que haja uma busca em direção ao próximo motivador — *pertencimento*. Esse é um ponto em que se fracassa terrivelmente quando se trata de intervenção contra VPPI. Deixar um parceiro abusador também significa deixar um relacionamento ao qual (embora talvez de modo contraintuitivo) as vítimas sentem que pertenciam. Elas podem não ter uma rede de apoio em vigor e provavelmente foram isoladas do convívio social por seus agressores no decorrer do relacionamento. Esse isolamento, por sua vez, pode contribuir muito para o ciclo da porta giratória, em que as vítimas deixam os abusadores apenas para voltar para casa antes de perceberem indícios de mudanças permanentes ou a tomada de precauções caso a reconciliação seja realmente segura.

De forma muito simplificada, as vítimas deixam seus relacionamentos por segurança e, uma vez que esse aspecto tenha sido alcançado, é comum que essas pessoas tomem atitudes motivadas pelo desejo de pertencimento. Se não forem capazes de encontrar uma comunidade local que as apoie, a probabilidade de considerarem tentar mais uma vez e de voltarem aos antigos relacionamentos aumenta. Isso pode acontecer, porque essas mulheres verdadeiramente amam seus companheiros e sentem falta de se sentirem "amadas" por ele. Isso ocorre, porque é comum que as vítimas se sintam sobrecarregadas e sozinhas, tenham sido condicionadas pelos próprios agressores a acreditar que não podem ir embora ou tomar decisões por conta própria, ou talvez simplesmente não tenham tido ninguém por perto para lembrá-las dos motivos pelos quais elas foram embora inicialmente.

Qualquer que seja a causa, ter uma comunidade forte pode ajudar a vítima a romper o ciclo do abuso e facilitar os processos de cura a longo prazo.

Esse é o terceiro e talvez o mais importante aspecto no qual a igreja pode intervir: providenciar vivências sociais na comunidade que gerem senso de pertencimento e conexão nas vítimas para que elas não estejam mais suscetíveis a voltar para relacionamentos e lares abusivos. Nenhuma organização sem fins lucrativos ou governamental poderá dedicar tempo, dinheiro ou recursos para criar uma rede de apoio completa para cada mulher com quem trabalha. A igreja local, por outro lado, inerentemente comunitária, pode intencionalmente construir esse tipo de suporte duradouro ao redor dos sobreviventes e vítimas de VPPI ao instituir equipes de cuidado (capítulo 6) e integrar essas pessoas ao restante da congregação ao longo do tempo.

NÚMERO QUATRO: NECESSIDADE DE ESTIMA OU EGO

Uma vez que as vítimas tenham sido bem-sucedidas em deixar seus relacionamentos abusivos para trás e desenvolver conexões e interações saudáveis dentro de uma comunidade estável, é comum que as horríveis mentiras, enraizadas durante as situações de abuso, comecem a ressurgir e a atacar a autoestima delas. Por sua natureza, a VPPI elimina a sensação de controle, o valor próprio, a autoconfiança e o respeito próprio de uma pessoa. Esses traumas, oriundos tanto de ações como de palavras do agressor, fazem com que as vítimas internalizem que são fracas, feias, indignas, destruídas, estúpidas, incapazes e imperdoáveis, atingindo o próprio núcleo do coração humano — o medo de sermos sem valor.

Mentiras como essas, especialmente quando vêm de um ente querido, são difíceis de serem desconstruídas. *Combater falsas crenças enraizadas tão profundamente leva tempo e, também, demanda que a verdade seja constantemente reforçada até que as vítimas passem a internalizá-las de forma definitiva.* Pode levar anos até que elas possam verdadeiramente crer que são amadas, valiosas e, mais importante, livres.

Uma das coisas mais importantes que a Igreja pode fazer pelas vítimas de VPPI é comunicar a verdade sobre a identidade e o valor dessas pessoas. Deus ama intensamente seus filhos! Ele os ama tão completamente e incondicionalmente que deu seu próprio Filho para salvá-los. Cada indivíduo tem valor tanto como filho de Deus quanto como uma criação única que tem algo para o mundo que ninguém mais pode oferecer.

O cuidado e o aconselhamento pastorais podem contribuir de forma insubstituível para a cura e a restauração das vítimas de abuso ao pregar o amor e a verdade às mágoas profundamente enraizadas na alma de cada uma delas.

NÚMERO CINCO: NECESSIDADE DE AUTORREALIZAÇÃO

A Declaração de Independência dos Estados Unidos diz que: *"Todos os homens são criados iguais, dotados pelo Criador de certos direitos inalienáveis, entre eles a vida, liberdade e a busca da felicidade."* Esse ideal do Sonho Americano — a busca por felicidade — é o que Maslow considerou ser o ápice da necessidade humana. Temos um desejo inato de saber que temos um propósito e que nossas vidas têm significado.

A motivação para satisfazer o que Maslow chamou de autorrealização é inevitável. Por todos os lados, podemos ver as pessoas se empenhando em suas carreiras, em seus ideais de sucesso e nos prazeres da carne na tentativa de alcançarem sentimentos de felicidade e propósito. Porém, a única coisa que verdadeiramente satisfará essa necessidade é o evangelho. Como Santo Agostinho escreveu no primeiro livro das suas confissões, *"nosso coração é inquieto, até repousar em ti."*[27] Qualquer outro caminho para a realização pessoal é sem saída, qualquer outro deus é um ídolo e qualquer outra busca é insatisfatória. O único lugar onde genuinamente encontramos paz é em Jesus Cristo, o pão da vida.

> *"Venham, todos vocês que estão com sede, venham às águas; e vocês que não possuem dinheiro algum, venham, comprem e comam! Venham, comprem vinho e leite sem dinheiro e sem custo. Por que gastar dinheiro naquilo que não é pão, e o seu trabalho árduo naquilo que não satisfaz? Escutem, escutem-me, e comam o que é bom, e a alma de vocês se deliciará com a mais fina refeição. Deem-me ouvidos e venham a mim; ouçam-me, para que sua alma viva. Farei uma aliança eterna com vocês, minha fidelidade prometida a Davi."* (Isaías 55.1-3)

---

[27] AGOSTINHO. *Confissões*. Rio de Janeiro: Penguin-Cia das Letras, 2017, p. 33.

A igreja pode oferecer o que nenhuma outra instituição pode — não importa quanto dinheiro, quanto treinamento ou quantas boas intenções elas possam ter. A igreja oferece um caminho para a fonte da verdadeira liberdade e do amor incondicional de Deus, além de alegria, propósito, misericórdia, justiça e vida. Todos esses aspectos, e muitos outros, são gratuitos para aqueles de braços abertos para recebê-los por meio de Cristo.

Deus ama profundamente seus filhos, cada um deles! A vítima, o agressor, o divorciado, o pecador, a viúva, o órfão, o quebrantado, o escravizado, o menor e o perdido, ele deseja que todos eles sejam salvos, curados, restaurados e redimidos. Cada pecador redimido é uma vitória no céu, pois cada um, intimamente conhecido antes até mesmo de formado no ventre de suas mães, possui uma alma com um valor imensurável para o Senhor.

Em última instância, qualquer outro serviço que a igreja ofereça se resume a uma coisa: *compartilhar a esperança do evangelho de Jesus Cristo.*

PONTOS DE AÇÃO

- Começar a falar sobre abuso em nossas igrejas;
- Considerar cada nível da hierarquia de Maslow e como nossas igrejas podem satisfazer de forma prática as necessidades das pessoas em cada patamar;
    - Para mais ideias específicas, comprar os manuais disponíveis em houseoffaithandfreedom.org;
- Ter um currículo de formação para os membros da congregação que queiram ser parte de equipes de atendimento;

- Não ter medo de encaminhar as vítimas para outras comunidades e demais recursos profissionais (a igreja pode e deve ser parte de uma rede maior de apoio!);

- Declarar a verdade e fazer afirmações à vítima sobre sua identidade em Cristo;

- Compartilhar o evangelho — a verdadeira fonte de liberdade e significado.

ANOTAÇÕES

Capítulo 4

A IMPORTÂNCIA DE ESCUTAR BEM

Em 2018, tive a oportunidade de administrar uma linha telefônica, que funcionava durante 24 horas por dia, para uma organização sem fins lucrativos que trabalhava especificamente com mulheres vítimas de abuso. Todos os dias, eu recebia ligações de mulheres que haviam sido espancadas, isoladas do convívio social e manipuladas por seus parceiros. Mulheres que acreditavam que haviam merecido, provocado e até mesmo causado as situações de violência doméstica que viviam. Mulheres que se sentiam presas, incrédulas, assustadas e inseguras em relação ao próprio futuro. Às vezes, elas ligavam, porque queriam recursos ou assistência, mas a vasta maioria delas só desejava alguém que verdadeiramente escutasse sua história.

Elas queriam alguém que acreditasse no que elas diziam – alguém que realmente acreditasse nelas.

Quando penso sobre a coragem necessária para que vítimas peguem os próprios telefones e disquem o número da linha, para desabafarem sobre o que mantiveram em segredo durante tanto tempo, coberto debaixo de muita vergonha e muito sofrimento, fico maravilhada. Não é fácil desnudar a própria alma para outras pessoas. Portanto, quando alguém entra pela porta de nossas igrejas ou de nossos gabinetes, é importante termos em mente que essas pessoas têm uma história, muitas vezes, difícil de ser contada e que, por isso, é extremamente importante criarmos um ambiente confortável e seguro o suficiente para que as vítimas sintam-se seguras e confiantes para serem vulneráveis, pois é exatamente para isso que a igreja serve — *ser um lugar para as pessoas de Deus reunirem-se, confessarem as próprias dores e dificuldades, louvarem ao Senhor, chorarem umas para as outras e serem ouvidas.*

Ao longo das Escrituras, existem vários versículos que descrevem o ato de ouvirmos uns aos outros como uma expressão de amor, *principalmente* no contexto de sofrimento. Deus sempre escuta seu povo — não somente as orações dos fiéis, mas também os medos, as angústias, os motivos de vergonha e as situações de desespero de cada um. É por isso que orações de lamento são facilmente encontradas nos Salmos (aproximadamente, um terço delas!) e nos livros de Jó, Jeremias e, claro, Lamentações. Até Jesus, na véspera da sua crucificação, orou em intenso sofrimento, dizendo *"Meu Pai, se for possível, afasta de mim este cálice"* (Mateus 26.39).

A dor não deve ser reprimida ou escondida. Quando guardada em uma caixa, sendo suprimida e abafada dentro de nós, ela se expande e cresce, tornando-se mais terrível e destrutiva com o passar do tempo. Dores reprimidas podem criar oportunidades para Satanás manipular, gerar vergonha desnecessária e encorajar dúvidas no coração das pessoas. Entretanto, há alívio quando desabafamos uns com os outros e conhecemos irmãos na fé que estão dispostos a nos escutarem e se juntarem a nós em nossa caminhada.

> *Assim como Deus sempre escuta nossos prantos por misericórdia e nos consola, nós, como corpo de Cristo, podemos escutar o pranto uns dos outros e consolá-los com o consolo que recebemos de Deus (2Coríntios 1.4).*

Há poder no ouvir, ainda que nenhuma atitude prática seja tomada após momentos de escuta. Vítimas, na maioria das vezes, apenas buscam serem ouvidas para terem a oportunidade de tirarem, das próprias costas, o fardo da intensa dor que sentem devido às situações de isolamento social pelas quais passaram. Muitas vezes, elas podem não querer denunciar o abuso, deixar seus parceiros ou até admitir que passaram por episódios de abuso. Muitas delas retornarão diversas vezes a relacionamentos abusivos antes de saírem permanentemente deles, e pode ser difícil compreender o real motivo de elas fazerem as escolhas que fazem.

Por isso, a coisa mais importante que podemos fazer é amar as pessoas diante de nós, não importa quais decisões elas tomem, não importa como se identificam, não importa no que acreditam sobre elas mesmas ou sobre seus parceiros. Nós temos o dever de nos mostrar verdadeiramente interessados em ajudá-las e buscarmos, de forma amorosa e cuidadosa, por opções alternativas para auxiliá-las. Todavia, no fim das contas, nosso trabalho é proporcionar liberdade de escolha a cada uma dessas pessoas, principalmente por elas terem sido controladas e oprimidas por seus parceiros por tanto tempo.

Nós nos importarmos o suficiente para honrar a história das vítimas, sermos um porto seguro e mostrarmos que, se ou quando elas decidirem agir, haverá apoio são ações práticas que devemos tomar para realmente podermos ampará-las. Criar um espaço seguro de vulnerabilidade pode mudar tudo.

> *Eu amo o Senhor, porque ele me ouviu quando lhe fiz a minha súplica. Ele inclinou os seus ouvidos para mim; eu o invocarei toda a minha vida.*
> *(Salmos 116.1,2)*

COMO OUVIR: RESPOSTAS APROPRIADAS ÀS REVELAÇÕES DE ADULTOS

Uma ilustração infantil comum nos mostra que temos dois ouvidos e uma boca e que, por isso, deveríamos escutar duas vezes mais do que falamos. Embora pareça ser um pouco banal, esse ditado tem um fundo de verdade. Quando uma pessoa revela uma experiência abusiva, isso reacende um trauma interno dentro dela. Medo, vergonha e até mesmo culpa são emoções comuns que as vítimas enfrentam quando decidem narrar suas histórias. Confissões iniciais podem ser desarticuladas, editadas ou minimizadas devido às intensas emoções que surgem quando o trauma é relembrado. É por esse motivo que, em momentos de desabafo e relatos, a coisa mais importante a se fazer é sermos pacientes e capazes de *somente ouvir*.

Como mencionado no capítulo anterior, a motivação por trás da violência provocada por parceiro íntimo (VPPI) é sempre a busca por poder e controle sobre outra pessoa. Os agressores usam táticas como isolamento do convívio social, vergonha e ameaças para manterem suas vítimas sem voz e subjugadas. *Quando um sobrevivente conta sua história, o próprio ato de falar as palavras em voz alta para alguém é um ato de resistência ao sistema familiar vivenciado.* Através da escuta atenta, podemos honrar a experiência daqueles que são abertos sobre as próprias vidas e darmos a força necessária para que essas pessoas quebrem o silêncio.

Mas lembre-se de que não é nosso papel ser porta-voz das vítimas; nosso dever é apenas o de ajudá-las a encontrar suas próprias vozes novamente.

Dito isso, há quatro fatores primários para mantermos em mente quando formos escutá-las. Primeiro, enquanto as ouvimos, é importante tentarmos não apresentar reações exageradas, de forma verbal ou física. É completamente compreensível que estejamos em choque, com raiva, desconfortáveis, céticos, horrorizados, tristes etc. quando ouvimos os relatos. Porém, falarmos precipitadamente, fazermos muitas perguntas iniciais ou exibirmos expressões faciais muito nítidas são ações que podem, possivelmente, fazer com que as vítimas se sintam ainda mais desconfortáveis ao relatarem o que viveram do que se sentiriam caso transparecêssemos neutralidade. Reações desproporcionais da parte de cada um de nós podem levá-las, inclusive, a se retratarem e negarem o que haviam dito anteriormente, devido ao constrangimento, ou a se calarem completamente. Por exemplo, se a vítima conta a algum de nós que o cônjuge dela esmurrou uma parede e nós reagimos de maneira expressiva, é provável que ela se sinta amedrontada ou envergonhada em contar quais outros objetos também foram esmurrados. Se essa for a maneira como reagimos a paredes sendo esmurradas, como será que reagiríamos a *algo ainda pior*?

Em segundo lugar, é importante sempre deixarmos a pessoa à nossa frente se sentir confortável o suficiente para conduzir a conversa. Aceitar as pausas necessárias durante o momento do relato e dar espaço para a vítima organizar os próprios pensamentos e demonstrar as próprias emoções são aspectos imprescindíveis para que ela se sinta acolhida e amparada. Porém, é importante ressaltar que deixá-la à vontade não significa que devamos nos manter em completo silêncio. Ao longo da revelação, podemos utilizar frases curtas para mostrar que estamos prestando atenção naquilo que é dito. Além disso, apesar de sabermos que fazer perguntas pode ser algo invasivo, principalmente quando elas são muito específicas, perguntar de forma aberta pode ajudar a reforçar a ideia de que estamos atentos e nos importamos de maneira genuína com a vítima.

Em terceiro lugar, é fundamental que estejamos atentos a uma desconfortável, mas comum, realidade dentro do cenário ministerial: as possibilidades de conhecermos as vítimas e seus respectivos agressores ao mesmo tempo são bastante prováveis. Se alguém está relatando situações de abuso em seu casamento, incidentes passados com algum membro da própria família etc., e nós conhecemos pessoalmente a pessoa acusada, pode ser tentador nos tornarmos defensores dos acusados ou questionarmos a credibilidade das vítimas. *Mas é essencial voltarmos o foco de nossas mentes ao que está sendo dito no momento dos relatos, em vez de nos preocuparmos com as consequências que serão tomadas a partir do que está sendo dito.*

Tiago 1.19,20 diz: *"Meus amados irmãos, tenham isto em mente: Sejam todos prontos para ouvir, tardios para falar e tardios para irar-se, pois a ira do homem não produz a justiça de Deus."* Pularmos etapas e tirarmos conclusões precipitadas, sem que investigações apuradas sejam feitas, não é útil para ninguém — nem para a vítima, nem para nossos próprios corações, nem mesmo para a igreja em que servimos como um todo. No momento das denúncias, o mais importante é que saibamos ouvir a pessoa diante de nós. Haverá momentos apropriados no futuro para que façamos perguntas ou investiguemos de maneira mais profunda qualquer inconsistência no relato da vítima ou demais preocupações que podemos vir a ter, mas é importante que essas investigações não ocorram durante o discurso inicial.

Por último, é imprescindível que as falas das vítimas sejam validadas e levadas a sério. Embora possamos ter preocupações e dúvidas sobre os detalhes das denúncias, é nosso dever honrar as emoções dessas pessoas e encorajá-las a contarem tudo que viveram. Elas escolheram a cada um de nós como um porto seguro para ouvir seus relatos, de modo que devemos agir como confidentes com quem elas podem compartilhar seus traumas de forma segura. Salmos 18.6 diz: *"Na minha aflição clamei ao Senhor; gritei por socorro ao meu Deus. Do seu templo ele ouviu a minha voz; meu grito chegou à sua presença, aos seus ouvidos."* Por isso, é fundamental nós nos permitirmos escutar o choro dos filhos de Deus que sofrem, além de acompanhá-los no meio de seus momentos de angústia, sem questioná-los ou nos preocuparmos mais com o problema em si do que com os próprios sentimentos dessas pessoas.

DICAS PRÁTICAS

• Lembre-se, sua boca fala, mas seu corpo, suas expressões faciais e seu tom de voz também. Quando escutar ou aconselhar uma vítima de VPPI, é importante educar suas expressões faciais e prestar atenção no que você está falando por meio do seu corpo. Tente se sentar em uma posição relaxada com uma postura tranquila e serena. Se possível, não faça anotações, nem grave nada enquanto o indivíduo está falando. Em vez disso, dedique sua atenção à história dele, para se conectar de forma verdadeira com a vítima e fazer com que ela se sinta valorizada. Por fim, não se esqueça de fazer contato visual periodicamente.

• Esteja atento a inconsistências ou lacunas na narrativa da vítima. Traumas extremos causam um desligamento do córtex pré-frontal (parte racional de funcionamento superior do cérebro), o que afeta negativamente a memorização.[28] Isso resulta em uma mudança da atenção de "cima para baixo", em que o indivíduo conscientemente foca em objetivos e na resolução de problemas, para uma atenção de "baixo para cima", em que emoções e respostas automáticas determinam a ação e a memória. Em outras palavras, durante incidentes traumáticos, a parte racional do cérebro, focada nos detalhes e na solução de problemas, é substituída pela parte emocional, de

---

[28] ARNSTEN, A. F.T.; RASKIND, M. A.; TAYLOR, F. B.; CONNOR, D. F. The effects of stress exposure on prefrontal cortex: Translating basic research into successful treatments for post-traumatic stress disorder. *Neurobiol Stress*, v. 1, p. 89-99, 2015. DOI: 10.1016/j.ynstr.2014.10.002. Disponível em: https://www.sciencedirect.com/science/article/pii/S2352289514000101.

reação instintiva e de sobrevivência. Devido a essas mudanças mentais, é mais fácil para uma pessoa em situação de estresse pós-traumático relembrar informações sensoriais do que de fatos específicos em uma sequência linear. Quando recordam incidentes específicos, muitas pessoas darão declarações inconsistentes ou fora de ordem, não porque estão tentando enganar você, mas porque o cérebro delas atua não como uma câmera de vídeo, mas mais como um pintor impressionista. *Lembre-se, uma declaração inconsistente não é necessariamente falsa.*[29]

• Semelhantemente, relatos com lacunas não são necessariamente falsos. Memórias traumáticas certamente podem pregar uma peça na nossa cabeça. Portanto, é importante também ter em mente que a vítima pode simplesmente não estar pronta para compartilhar tudo com você ainda. É necessário tempo para construirmos relacionamentos e nos sentirmos confortáveis para desabafarmos e sermos vulneráveis uns com os outros. Além disso, algumas partes do(s) incidente(s) podem ser muito dolorosas de serem compartilhadas inicialmente. Portanto, é importante não forçarmos a barra para termos mais detalhes ou informações — deixar a vítima ditar o quanto ela se sente à vontade para compartilhar *hoje* fará com que ela se sinta mais confortável para ir se abrindo pouco a pouco. A maneira com a qual lidamos com o primeiro encontro vai determinar se somos bons pontos de apoio e um porto seguro para a revelação de incidentes passados ou futuros.

---

[29] STRAND, R. W. The Forensic Experiential Trauma Interview (FETI). *Minnesota Coalition Against Sexual Assault*. 2018. Disponível em: https://www.mncasa.org/wp-content/uploads/2018/07/FETI-Public--Description.pdf.

COMO OUVIR: A IMPORTÂNCIA DA AUTONOMIA

Outra coisa essencial para se ter em mente ao trabalhar com vítimas de abuso é a preservação da independência e da autonomia de cada uma delas. Se o atributo central da VPPI é justamente o fato de agressores roubarem o controle delas sobre suas próprias vidas, então entende-se que uma das principais maneiras de as vítimas darem continuidade às próprias existências é tendo autonomia em relação à forma como desejam guiá-las.

Quando alguém revela que está sendo abusado e está incerto sobre qual o próximo passo, pode ser tentador para nós dizermos o que deveria ser feito — na verdade, muitas mulheres vítimas de violência domiciliar pedirão para que façamos exatamente isso. Entretanto, *jamais* será nosso dever falar a elas o que devem fazer. Na verdade, podemos, e devemos, mostrar quais escolhas essas pessoas têm e quais são os recursos válidos existentes para que os objetivos que elas traçarem possam ser alcançados; contudo é importante nos lembrarmos sempre de que a vida não é nossa, mas delas. Portanto, nossas opiniões e decisões particulares não devem guiar o destino dessas pessoas, porque, caso essa seja a nova realidade delas, significará apenas que o controle psicológico mudou de lugar, saindo debaixo do poder do abusador para estar debaixo das nossas mãos.

PONTOS DE AÇÃO:

- Escutar duas vezes mais do que falamos;

- Estar atento à nossa linguagem corporal e às nossas expressões faciais quando estivermos ouvindo um relato. Nossas reações não verbais são impactantes;

- Reconhecer e apoiar as vítimas e acreditar nelas;

- Orar por discernimento quando estivermos ouvindo a história de alguém. O Espírito Santo é o ouvinte supremo e ele guiará as palavras e reações que devemos ter;

- Evitar fazer perguntas direcionadas ou acusadoras e, em vez de utilizá-las, usar perguntas abertas;

- Apoiar as vítimas para que elas reestruturem as próprias vidas e escolham como devem seguir em frente;

- Ao trabalhar com as vítimas, permitir o máximo de decisão possível. Os abusadores detêm poder sobre elas por tirar-lhes, de forma efetiva, a liberdade de tomar decisões. Permitir que elas assumam o controle da situação, sempre que possível; devolvê-las o poder de escolha tomado pelo abusador. Permitir que elas aprendam como ser responsáveis por suas próprias decisões. Isso levará tempo, uma vez que muitas vítimas não sabem quais atitudes devem tomar e foram abusadas a ponto de ficarem receosas diante das escolhas que devem fazer.

ANOTAÇÕES

Capítulo 5

DENÚNCIA E SEGURANÇA[30]

DENÚNCIAS OBRIGATÓRIAS E CONFIDENCIALIDADE: QUANDO VOCÊ PRECISA RELATAR UM INCIDENTE?

Depois da descoberta de um caso de abuso, a primeira coisa que devemos fazer é avaliar qual é o nosso dever legal de relatar ou não o incidente. Nessa perspectiva, há duas perguntas que devemos nos fazer antes de considerarmos tomar qualquer atitude:

1) Algum evento relatado chegou ao ponto de ser criminoso?

2) Alguma criança ou algum adolescente estava envolvido ou presente?

No Brasil, a violência doméstica contra a mulher é legalmente definida e penalizada, de acordo com a Lei Maria da

---

[30] Nada escrito aqui tem o objetivo de servir como aconselhamento jurídico. Sob permissão da autora, o corpo do texto deste capítulo foi adaptado para a legislação brasileira, sendo uma exceção em relação aos demais em que esta foi tratada nas notas de rodapé. [N. E.]

Penha, como um crime de ação penal pública incondicionada. Isso significa que uma ligação ou denúncia à polícia pode resultar em o Estado processar criminalmente o agressor, quer *a vítima queira, quer não*. Por isso, considerar entrar em contato com o Ministério Público ou falar com uma agência de apoio às mulheres vítimas de violência domiciliar – familiarizada com as leis que envolvem essa questão –, para podermos repassar informações às vítimas sobre quais as possíveis repercussões de uma denúncia, são pontos que devem ser levados em consideração antes de tomarmos qualquer atitude.

Assim, se nós tivermos ciência de alguma situação que *passou do status de socialmente aceitável para o de criminosa*, temos o dever de perguntar se a vítima gostaria de denunciá-la. Se a pessoa envolvida for adulta e estiver em risco imediato de morte ou lesão corporal, ela mantém a autonomia para decidir se gostaria de relatar o incidente à polícia ou não.

A segunda coisa que devemos saber é se há alguma criança ou algum adolescente residindo em casa com o agressor. Caso exista algum jovem menor de idade no mesmo domicílio que o abusador, possivelmente ele também está sofrendo violência doméstica ou, no mínimo, testemunhando situações abusivas. Nesses casos, todos nós temos o dever moral e legal de informar o Conselho Tutelar sobre essa condição de acordo com o art. 13 do Estatuto da Criança e do Adolescente e a Lei 14.344/2022.

Além da legislação federal brasileira, cada estado e município possui suas próprias políticas de notificação obrigatórias, de forma que muitos profissionais, como educadores, síndicos, cuidadores infantis, profissionais médicos etc., podem sofrer consequências específicas ao não denunciar, fato que propicia a criação de uma rede de proteção contra a violência doméstica e enfrentamento a ela. Essas normas mudam com frequência, por isso é essencial verificarmos anualmente as alterações que foram realizadas. Além disso, é importante dizermos a qualquer *pessoa* que esteja nos contando informações sobre abuso ou maus-tratos sobre a necessidade de ela estar ciente dessas normas, para que as vítimas não sejam pegas de surpresa caso tenhamos que fazer denúncias à polícia ou ao Conselho Tutelar.

As Escrituras falam repetidamente sobre o valor das crianças e o dever dos cristãos de proteger aqueles que são vulneráveis. Em Marcos 9.42, a Bíblia diz: *"Se alguém fizer tropeçar um destes pequeninos que crêem em mim, seria melhor que fosse lançado no mar com uma grande pedra amarrada no pescoço."* Deus odeia maus-tratos infantis em todas as suas formas! No entanto, mesmo assim, relatar uma família ao Conselho Tutelar pode ser uma decisão difícil e pesada, embora seja uma atitude necessária em alguns casos.

Às vezes, podemos pensar que não dispomos de informações o suficiente para envolver o Conselho Tutelar. Podemos nos sentir como se estivéssemos traindo a vítima com quem estamos conversando; ou talvez a própria vítima esteja convencida de que a(s) criança(s) não presencia(m) o abuso, além de afirmar que o agressor é um bom pai, que ele nunca machucaria seus próprios filhos ou que envolver o Conselho Tutelar complicaria uma situação já complicada por si só. Independentemente disso, todas essas desculpas não negam a obrigação de que temos de denunciar caso haja um motivo razoável para suspeitarmos de que abusos infantis possam estar ocorrendo.

Não é nosso trabalho investigar ou provar que maus-tratos a crianças e adolescentes realmente estão acontecendo. Se possuímos "indícios" de que agressões infantis possam estar ocorrendo, temos o dever e a obrigação moral e legal de denunciar. É melhor prevenir do que remediar. Pode parecer um exagero envolver estranhos, e até uma agência do governo, em algo tão pessoal. No entanto, à medida que a igreja se torna mais esclarecida e preparada para ajudar vítimas de abuso, nós também nos familiarizaremos mais com as leis, os processos e os trabalhadores locais do Conselho Tutelar. Além disso, em muitos munícipios, o Conselho Tutelar é uma das portas de entrada para a rede de proteção e enfrentamento às situações de violência doméstica, podendo dar suporte às famílias envolvidas nesses casos. Portanto, é importante ressaltar que uma ligação para o Conselho Tutelar não significa necessariamente que famílias perderão a guarda de seus filhos, que os menores de idade serão automaticamente levados ao sistema de adoção, nem mesmo que um processo judicial será aberto. Todavia, é fundamental termos em mente que não chamar o Conselho Tutelar quando necessário pode permitir que um agressor continue ferindo uma criança inocente.

Se a igreja que frequentamos ainda não possui uma política de notificação que determine especificamente quem deve denunciar suspeitas de abuso infantil e qual é o procedimento para fazê-lo, nós precisamos nos mobilizar para elaborar uma o mais rápido possível. Ao não ter essa política, a congregação automaticamente está sujeita a ser conivente com os agressores devido à omissão e à negligência. Por isso, todos os voluntários da igreja, especialmente aqueles que trabalham no ministério infantil, devem saber como devem proceder ao identificarem indícios de violência e abuso a jovens menores de idade, além de terem o comprometimento com a política de notificação da comunidade onde servem.

Caso ainda não tenhamos adotado esse procedimento em nossas congregações, o primeiro passo para criarmos uma política de notificação para funcionários e voluntários eclesiásticos é ligar ou visitar algum funcionário do Conselho Tutelar no município de nossas igrejas. Os detalhes da rede de proteção variam amplamente dependendo do estado e do município onde congregamos, então precisamos saber exatamente como ela funciona em nossa comunidade local. Talvez a igreja possa até mesmo formalizar e apresentar um projeto com a perspectiva de integração à rede existente. Além disso, conversar com um funcionário do Conselho Tutelar pode ajudar a nos familiarizarmos com os processos necessários para relatar possíveis maus-tratos a crianças e adolescentes e fazer com que esses procedimentos pareçam menos assustadores. Assim, é necessário termos em mente que o Conselho Tutelar é composto por outros membros da comunidade que também se preocupam com a segurança dos jovens. No fim das contas, estamos todos no mesmo time.

Caso a vítima e o agressor sejam adultos, não haja menores de idade em casa e não acreditarmos que exista risco iminente de morte ou lesão corporal, não somos responsáveis por relatar incidentes anteriores de abuso à polícia, a menos que a vítima peça de forma explícita. Embora seja difícil entender por que alguém não iria querer denunciar uma agressão doméstica, *a decisão não é nossa*. Nessas situações, a privacidade e a autonomia da vítima sempre estão acima da denúncia.

Situações abusivas tiram o poder das vítimas de tomar decisões e escolher qual caminho deseja seguir. Assim, um dos aspectos fundamentais para poder apoiá-las de forma efetiva é devolver a elas o controle e o poder de escolha sobre as próprias vidas sempre que possível. *Incutir que essas pessoas possuem liberdade de escolha em cada parte da conversa capacita esses indivíduos a se tornarem protagonistas da própria vida em vez de tornar criar um cenário em que o controle sobre eles passaria de uma pessoa, o abusador, para a próxima, um de nós.*

Por isso, nosso principal papel é ouvir os relatos, acreditar nas vítimas, apoiá-las, garantir segurança a elas, oferecer recursos e opções e intervir com a permissão dessas pessoas. *Nunca é nossa responsabilidade consertar a vida delas ou fazer escolhas por elas.*

No entanto, se presenciarmos pessoalmente casos de abuso físico ou ouvirmos ameaças de morte ou lesão corporal, devemos chamar a polícia local imediatamente. Da mesma forma, se acreditarmos que as vítimas ou qualquer outra pessoa estejam em risco iminente de lesão corporal, temos o dever de relatar à polícia, pois essas questões anulam o sigilo ético, moral e legal, bem como o acordo de confidencialidade que temos com as vítimas.

Cabe ressaltar que o sigilo profissional garantido a pastores e líderes religiosos pelo art. 207 do Código de Processo Penal, cuja violação é penalizada pelo art. 154 do Código Penal, não os torna exceção ao que foi dito aqui. Qualquer pessoa tem a faculdade de comunicar às autoridades policiais crimes de violência doméstica (art. 4º, § 3º, CPP), sendo um dever de funcionários públicos (art. 66, LCP) e de todos no caso de agressões contra crianças e adolescentes (art. 23, Lei

14.344/2022). Aliás, é importante ressaltar que a omissão de comunicação à autoridade pública da prática de violência domiciliar contra crianças e adolescentes configura crime (art. 26, Lei 14.344/2022). Ademais, a violação do sigilo profissional só se caracteriza quando há ausência de justa causa para que isso seja feito, como se lê no próprio art. 154 do Código Penal. Por fim, assim como médicos podem quebrar seu sigilo profissional para denunciar abortos cujos vestígios são detectados no atendimento a pacientes,[31] também é possível

---

[31] Como foi reconhecido pelo próprio Superior Tribunal de Justiça: "Sabe-se que o sigilo profissional é norma cogente e que, em verdade, impõe o dever legal de que certas pessoas, em razão de sua qualidade e de seu ofício, não prestem depoimento e/ou declarações, em nome de interesses maiores, também preservados pelo ordenamento jurídico, como o caso do direito à intimidade (art. 154 do Código Penal e art. 207 do Código de Processo Penal). A vedação, porém, não é absoluta, eis que não há que se conceber o sigilo profissional de prática criminosa. A exemplo do sigilo profissional do advogado, já asseverou esta Quinta Turma que "o ordenamento jurídico tutela o sigilo profissional do advogado, que, como detentor de função essencial à Justiça, goza de prerrogativa para o adequado exercício profissional. Entretanto, referida prerrogativa não pode servir de esteio para impunidade de condutas ilícitas" (RHC 22.200/SP, Rel. Ministro ARNALDO ESTEVES LIMA, QUINTA TURMA, DJe 5/4/2010, grifou-se). Na hipótese, a princípio, a conduta do médico em informar à autoridade policial acerca da prática de fato, que até o presente momento configura crime capitulado nos delitos contra a vida, não violou o sigilo profissional, pois amparado em causa excepcional de justa causa, motivo pela qual não se vislumbra, de pronto, ilicitude das provas presentes nos autos, como sustenta a defesa" (HC n. 514.617/SP, relator Ministro Ribeiro Dantas, Quinta Turma, julgado em 10/9/2019, DJe de 16/9/2019.)

que pastores comuniquem os crimes que detectarem durante o exercício de seu ministério.

COMO AJUDAR ALGUÉM EM PERIGO NA PRÁTICA

Além do dever legal, que é o requisito mínimo de segurança previsto através da lei, o dever pastoral primário após a descoberta de abusos deve ser sempre a segurança contínua da vítima e de sua família.

As vítimas que vivem com medo de sofrer danos ao seu bem-estar físico, mental ou emocional são incapazes de buscar seu bem-estar espiritual (lembre-se da pirâmide de Maslow!). Muitas vezes, pastores e líderes eclesiásticos desejam entrar em sessões de aconselhamento, acreditando que as preocupações com a segurança doméstica poderão ser resolvidas e solucionadas nos gabinetes pastorais. No entanto, geralmente não é assim que funciona.

Vários anos atrás, eu observei uma entrevista entre uma vítima de VPPI e uma organização beneficente cristã. A vítima estava sentada do outro lado da sala, de ombros caídos, mãos trêmulas entrelaçadas em seu colo, além de claramente estar constrangida demais para conseguir fazer contato visual. Ela nos contou que tinha deixado um relacionamento extremamente violento recentemente e estava com medo, porque a família do ex-namorado morava no mesmo prédio que ela. Desde o término, a vítima havia se deparado com os pneus de seu carro furados e ouvia repetidas batidas na porta de seu apartamento durante a madrugada. Ela estava aterrorizada demais para dormir ou sair do lugar onde vivia; sua vida estava sendo consumida pela ansiedade.

Depois de ouvir sua história, a entrevistadora que fazia o acolhimento respondeu contando a história de uma prostituta cujo cafetão estava batendo nela. Em desespero, a prostituta orou a Deus para protegê-la. Após a oração, um anjo apareceu fisicamente e ficou entre eles, protegendo-a dos golpes que estavam sendo deferidos. A apresentadora começou a dizer que, assim como foi para a prostituta da história, Deus seria o escudo e protetor dessa mulher, encorajando-a a orar contra o medo e a ansiedade que a dominavam e confiar no Senhor.

Lembro-me de me sentir muito chocada com o uso indevido da verdade bíblica, a total falta de assistência prática e a ausência de tato emocional na forma como a entrevistadora havia conduzido a conversa. *Certamente Deus é nosso escudo e protetor, mas isso não significa que podemos descartar as preocupações das vítimas com a própria segurança.* É claro que *essas pessoas devem orar por alívio da ansiedade, mas não devemos ignorar as circunstâncias reais das quais esse sentimento se originou.* Certamente Deus é capaz de intervir milagrosamente, mas, às vezes, por razões que não entendemos, ele não o faz. Não costumamos dizer a alguém prestes a ser atropelado por um carro para que essa pessoa ore pela proteção de Deus; na verdade, nós a ajudamos a sair do caminho.

Dizer a alguém para orar por segurança, mas nos recusarmos a dar-lhes as ferramentas para obtê-la não é apenas inútil; é prejudicial a essa pessoa.

De acordo com um estudo de 2018, mais de sessenta por cento dos pastores protestantes que trabalhavam com vítimas de abuso doméstico não realizaram avaliações de segurança ou plano de gestão de risco com essas pessoas.[32] Isso significa que mais da metade deles não levou em consideração preocupações óbvias e genuínas que as vítimas em situação de perigo iminente e tangível todos os dias apresentaram!

Caso você seja pastor e tenha conhecimento de que uma pessoa pode estar em risco, é seu *dever pastoral* ajudá-la a alcançar a segurança física e emocional. A Bíblia diz, em Provérbios 24.11: *"Liberte os que estão sendo levados para a morte; socorra os que caminham trêmulos para a matança!"* Não sei exatamente quando, como cristãos, começamos a acreditar que o nosso dever eclesiástico era apenas o de sermos responsáveis pela proteção espiritual das pessoas e não delas como um todo, mas devemos começar a ter atitudes práticas para realmente mudar essa realidade.

> *Então o Rei dirá aos que estiverem à sua direita: 'Venham, benditos de meu Pai! Recebam como herança o Reino que lhes foi preparado desde a criação do mundo. Pois eu tive fome, e vocês me deram de comer; tive sede, e vocês me deram de beber; fui estrangeiro, e vocês me acolheram; necessitei de roupas, e vocês me vestiram; estive enfermo, e vocês cuidaram de mim; estive preso, e vocês me visitaram'. Então os justos lhe responderão: 'Senhor, quando te vimos com fome e te demos de comer, ou com sede e te demos de beber?*

---

[32] LIFEWAY RESEARCH. *Domestic and Gender-Based Violence*: Pastors' Attitudes and Actions: Survey of Protestant Pastors. 2018. Disponível em: lifewayresearch.com/wp-content/uploads/2018/09/Domestic-Violence-Research-Report.pdf.

*Quando te vimos como estrangeiro e te acolhemos,
ou necessitado de roupas e te vestimos? Quando
te vimos enfermo ou preso e fomos te visitar?' O
Rei responderá: 'Digo-lhes a verdade: o que vocês
fizeram a algum dos meus menores irmãos, a mim
o fizeram'. (Mateus 25.34-40)*

*Nessa passagem, podemos perceber Jesus afirmar veemente-
mente que amar o próximo é mais do que orar por ele ou convidá-
-lo para ir à igreja — é preciso garantirmos segurança, proteção e
provisão uns aos outros e termos compaixão por aqueles que estão
em nosso redor.* Ao ajudarmos alguém de maneiras palpáveis,
estaremos não apenas amando e honrando a pessoa, mas
a Deus também.

Às vezes, a melhor forma de fazer isso é questionar,
buscando a proteção e a segurança física e emocional dessas
pessoas, por que elas ainda não estão prontas para deixarem
seus relacionamentos para trás. Em outros momentos, o melhor a ser feito será mencionar que a igreja possui *vouchers* de
hotel, voluntários com casas seguras que podem ser utilizadas
em situações de emergência ou, ainda, proporcionar apoio
emocional em audiências judiciais.

Isso não significa que devemos forçar as vítimas a fazer algo ou tomar medidas com as quais elas não se sintam
confortáveis. É essencial termos sempre em mente que, se o
indivíduo for um adulto e não houver crianças ou adolescentes na mesma casa onde as agressões acontecem, as vítimas
mantêm a liberdade de tomar as próprias decisões, mesmo
*que as escolhas tomadas sejam aquelas com que nós talvez não
concordemos.* No entanto, temos a obrigação de expressar nos-

sa preocupação e oferecer o máximo de opções e precauções de segurança possíveis. Também devemos honrar os desejos, as vontades e as escolhas dessas pessoas sempre que possível, além de considerarmos os riscos e as implicações de possíveis confrontos aos agressores.

Como dito anteriormente, é óbvio que, se acreditarmos que as vítimas estejam em risco iminente de morte ou lesão corporal, chamar a polícia imediatamente será necessário. Por isso, é necessário termos em mente que é sempre melhor arriscar que essas pessoas fiquem chateadas, irritadas e com raiva do que correr o risco de que sejam mortas.

PLANOS DE SEGURANÇA PARA AS VÍTIMAS

Em todas as escolas de que já participei e em todos os trabalhos em que atuei, havia treinamentos de incêndio obrigatório. No entanto, apesar de as chances de incêndios acontecerem serem mínimas, os treinamentos para o caso de eles ocorrerem são considerados como procedimentos essenciais em praticamente todos os lugares. *Esses processos de capacitação são simples de serem feitos, gratuitos, exigem pouquíssimo tempo para serem aplicados e contam com a possibilidade de uma recompensa de valor inestimável — eles podem salvar vidas.*

Planos de segurança contra situações de violência doméstica são como treinamentos de incêndio para relacionamentos abusivos.

Mesmo que as vítimas acreditem que existe uma baixa probabilidade de que as situações abusivas agravem e cheguem ao ápice da agressão física ou que elas realmente estejam em perigo, planos de segurança ainda devem estar em vigor. *Eles são simples de serem feitos, gratuitos, exigem pouquíssimo tempo para serem aplicados e contam com a possibilidade de uma recompensa de valor inestimável — podem salvar vidas.*

Por essa razão, esses procedimentos são excelentes ferramentas de apoio às vítimas, sendo que praticamente todos os abrigos ou centros de recursos de abuso doméstico têm uma variante em mãos. Nossas igrejas sempre têm a opção de enviar as vítimas para abrigos locais para que elas possam preencher um plano de segurança. No entanto, para as que não estão dispostas ou para as que ficam desconfortáveis com agências externas, pode ser útil ter algum funcionário no escritório da igreja que saiba orientar o preenchimento de um plano básico de segurança.

Planos de segurança são exatamente o que o nome diz: um esboço do que as vítimas devem fazer na pior das hipóteses. Ao montar um, elas não apenas recebem dicas úteis de segurança, mas também são direcionadas, por meio de vários conceitos e várias ideias, sobre como podem se preparar para fugir de forma segura.

Assim como os treinamentos de incêndio são adaptados para prédios específicos, esses planos levam em consideração as especificidades e a realidade de cada relação. *Não há um sistema de planejamento "tamanho único", que se aplique cegamente a todos os casos.* Assim como o aconselhamento, várias abordagens amplas podem ser utilizadas a depender da situação e, num segundo momento, serem mais bem personalizadas por meio de perguntas abertas, discernimento e oração.

A primeira abordagem para o planejamento de segurança é realizar um questionário mais simples, projetado para ajudar as vítimas que vivem em ambientes com alto risco de violência física ou que recentemente deixaram relações fisicamente violentas. Esse método deve ser usado para ajudá-las a considerar as precauções de segurança que podem tomar de forma preventiva com o objetivo de diminuir a probabilidade de ficarem presas em situações instáveis ou perigosas.

Normalmente, esse tipo de plano de segurança consiste em uma série de perguntas e listas de ações que abordam questões como saídas alternativas de casa, números de telefone de emergência, fontes de dinheiro ou crédito às quais o abusador não tenha acesso, como criar uma mala de emergência etc.

A maioria dos centros de acolhimento às vítimas têm versões das primeiras formas de plano de segurança. Recomenda-se que qualquer pessoa que tenha sofrido abuso físico ou a ameaça de um (mesmo que apenas uma vez) leia o plano detalhadamente. Algumas vítimas insistirão que não têm medo dos seus agressores ou que os abusos não acontecerão novamente, mas, ainda assim, devem preencher o plano como forma de serem protegidas. Você pode usar um questionário gratuito para plano de segurança no apêndice deste livro.

A segunda abordagem para que esse plano seja utilizado é por meio de formatos mais amplos e adaptáveis, que permitam a vítima determinar o que a faz *se sentir* insegura. Esse tipo de procedimento é ideal para pessoas que possam ter preocupações de segurança não tradicionais ou que estejam experimentando formas não físicas de abuso (psicológicas, emocionais, financeiras, etc.).

Em vez de um questionário, a segunda forma de plano de segurança seria mais como uma conversa guiada que se concentra nos medos das vítimas e nos recursos que elas têm ou podem obter para superá-los. Esse processo permite com que as pessoas em situação de vulnerabilidade pensem através das questões únicas em seus relacionamentos que podem não se encaixar diretamente na categoria de abuso convencional, como imigração, guarda de crianças, falta de moradia, desconfiança do sistema de justiça etc.

MEDIDAS PROTETIVAS DE URGÊNCIA

Após o advento da Lei Maria da Penha (Lei n. 11.340/2006), as Medidas Protetivas de Urgência foram instituídas para eliminar ou amenizar situações de risco enfrentadas por mulheres, e somente mulheres, vítimas de violência doméstica. A violência doméstica praticada contra homens, por sua vez, recebe o tratamento mais geral do crime, previsto no Código Penal (cf. art. 129, §9º), além de os homens poderem ser protegidos por meio das medidas cautelares diversas da prisão, previstas no Código de Processo Penal (art. 139, incisos II e III).

Contudo, a principal diferença dessas medidas cautelares em relação às estabelecidas pela Lei Maria da Penha é que estarão vinculadas ao estabelecimento de um processo penal, ou seja, uma mulher poderá solicitar uma medida protetiva de urgência ainda que não queira que seu parceiro seja denunciado pelo crime, sendo encaminhado ao Judiciário pela delegacia apenas o pedido de medida protetiva, enquanto o homem precisará desencadear a persecução penal caso queira ser amparado pelas medidas cautelares.

Porém, há uma exceção no que se refere a crianças e adolescentes, de sexo masculino ou feminino, que forem vítimas ou testemunhas de violência doméstica. A Lei Henry Borel (Lei n. 14.344/2022) permite que tais pessoas gozem de Medidas Protetivas de Urgência bastante semelhantes às da

Lei Maria da Penha e que são independentes da persecução penal em curso. Contudo, diferentemente do caso de maiores de idade em que apenas a vítima (por meio do Delegado de Política) ou o Ministério Público pode solicitá-las, essas medidas podem ser provocadas pelo Delegado de Polícia, pelo Conselho Tutelar, pelo Ministério Público ou por qualquer pessoa que atue em favor da criança ou do adolescente.

A seguir, utiliza-se o procedimento básico para a mulher solicitar uma medida protetiva como exemplo.[33]

A mulher que sofre violência deve procurar uma delegacia da mulher ou a delegacia de polícia mais próxima para registrar a ocorrência, sendo esse procedimento possível de ser feito até mesmo pela internet em alguns estados brasileiros. Caso a sua vida ou a de seus familiares esteja em risco, é possível solicitar as Medidas Protetivas de Urgência na própria delegacia. Caso seja necessário ampliá-las posteriormente, é preciso solicitar atendimento junto à Defensoria Pública ou ao Ministério Público. O pedido de medida protetiva deverá ser encaminhado para análise judicial no prazo de 48 horas, tendo o juiz igual prazo para decidir sobre elas, bem como o prazo de sua vigência. O juiz poderá ampliá-las ou conceder mais do que o solicitado, caso considere necessário.

Podem ser aplicadas tanto medidas que obrigam o agressor, como medidas para fim de proteção da ofendida. São exemplos de medidas no primeiro caso:

---

[33] Para saber mais detalhes quanto aos procedimentos seguidos no seu estado para casos de violência contra a mulher, ou contra crianças, adolescentes, ou contra homens, procure a defensoria pública mais próxima (ou acesse seu site), a qual deverá ter material informativo atualizado a seu dispor.

- Suspensão da posse ou restrição do porte de armas;
- Afastamento do lar, domicílio ou local de convivência com a ofendida;
- Proibição de: a) aproximação da ofendida, de seus familiares e das testemunhas, fixando o limite mínimo de distância entre estes e o agressor; b) contato com a ofendida, seus familiares e testemunhas por qualquer meio de comunicação; e c) frequentação de determinados lugares a fim de preservar a integridade física e psicológica da ofendida;
- Restrição ou suspensão de visitas aos dependentes;
- Prestação de alimentos provisionais ou provisórios;
- Comparecimento do agressor a programas de recuperação e reeducação; e
- Acompanhamento psicossocial do agressor, por meio de atendimento individual e/ou em grupo de apoio.

Em relação à vítima, são exemplos as seguintes medidas:

- Encaminhar a ofendida e seus dependentes ao programa oficial ou comunitário de proteção ou de atendimento;
- Determinar a recondução da ofendida e a de seus dependentes ao respectivo domicílio, após afastamento do agressor;
- Determinar o afastamento da ofendida do lar, sem prejuízo dos direitos relativos a bens, guarda dos filhos e alimentos;
- Determinar a separação de corpos;
- Determinar a matrícula dos dependentes da ofendida em instituição de educação básica mais próxima do seu domicílio, ou a transferência deles para essa instituição, independentemente da existência de vaga;

• Restituição de bens indevidamente subtraídos pelo agressor à ofendida.

O descumprimento das medidas é considerado crime, cuja pena é de 3 meses a 2 anos de detenção, podendo desencadear medidas protetivas mais graves ou até a prisão do ofensor. Por outro lado, as medidas protetivas podem ser retiradas a qualquer tempo pela mulher quando não houver mais situação de risco. O pedido de revogação pode ser apresentado ao juiz competente através de advogado(a) da Defensoria Pública ou do Ministério Público.

Mais uma vez, embora pela Lei Federal todas as medidas protetivas sejam válidas em todo o território nacional, os formulários dos processos de solicitação dessas medidas protetivas variam de acordo com o estado, normalmente ocorrendo por meio de uma delegacia de polícia especializada. Para mais informações, ligue para o número 180, o qual poderá encaminhar denúncias para os órgãos competentes.

Agora, se a liderança ministerial não é composta de policiais ou advogados, então por que é importante que ela esteja a par dos pormenores relacionados às medidas protetivas? Há três razões primárias para isso. A primeira é que o "contato por meio de terceiros" por parte do agressor geralmente é restringido por medidas protetivas. Em outras palavras, um criminoso não pode pedir a outro indivíduo para dizer algo à vítima. Passar uma mensagem para ela quando uma medida protetiva contra isso está em vigor é uma *violação legal* e pode ter consequências criminais.

Secundariamente, a igreja pode ser solicitada para ajudar a garantir que uma medida protetiva seja cumprida quando uma vítima está nas dependências da congregação. Por exemplo, se existe uma medida protetiva que restringe o contato de um pai com seus filhos, é imprescindível que o ministério infantil saiba disso e não permita que o homem pegue ou tenha acesso às crianças. Possibilitar ou permitir conscientemente uma violação de alguma medida protetiva pode ter sérias ramificações jurídicas.

Em terceiro lugar, as Medidas Protetivas de Urgência são uma opção viável para as vítimas com medo de danos físicos nas mãos de seus parceiros. Saber que elas estão disponíveis e como ativá-las dá à liderança eclesiástica a capacidade de oferecer essas ferramentas a todas as vítimas que se apresentarem no ambiente eclesiástico.

LEVANDO A SÉRIO A SEGURANÇA DA IGREJA

Sempre que um grupo grande de pessoas se reúne, há o risco de que alguma emergência aconteça. Quer seja acidente, um desastre natural, uma crise de saúde mental, quer seja um intruso perigoso, as igrejas devem ter um protocolo para lidar de forma rápida e eficaz com qualquer eventualidade. Se a congregação que frequentamos ainda não tem uma equipe ou protocolos de segurança, devemos considerar criá-los e treinar voluntários antes de trabalhar mais intencionalmente com vítimas de violência doméstica.

Quando a igreja age como um porto seguro para as vítimas, ela se coloca na linha de frente contra abusadores descontentes e, muitas vezes, perigosos. Esperar que o comportamento arriscado de um criminoso permaneça dentro dos limites é simplesmente irrealista. Questões domésticas, lutas judiciais em relação à guarda dos filhos, casos de perseguição, situações de assédio e sequestro de crianças são apenas algumas das áreas em que uma situação de vppi tem o potencial de transbordar e afetar a segurança do resto da igreja.

É responsabilidade dos pastores e líderes da igreja priorizar não só a segurança da vítima, mas também a segurança de sua congregação como um todo.

Felizmente, criar ambientes fisicamente seguros não precisa ser algo difícil ou caro. Existem muitas dicas e truques simples que podem ser implementados para aumentar a segurança de nossas congregações instantaneamente!

SUGESTÕES PARA MAIOR SEGURANÇA:

- Para manter uma área infantil segura:
  - o Registrar a entrada e saída de crianças da igreja;
  - o Criar barreiras de entrada à área infantil e manter alguém sempre presente nessas localidades;
  - o Listar os pais/adultos autorizados a buscar cada criança:
    - ■ Identificar (ex.: com uma etiqueta de identificação) a pessoa autorizada naquele dia para buscar a criança;
    - ■ Notificar quem trabalha com ministério infantil de quaisquer medidas protetivas ou alterações na guarda da criança.
- Desenvolver uma equipe de segurança voluntária:
  - o Treinar essa equipe em avaliação de ameaças, primeiros socorros, gerenciamento de riscos, bloqueios etc.;

o Ter maneiras de se comunicar virtualmente com os voluntários;

o Utilizar oportunidades de treinamento com o corpo de bombeiros ou outros serviços de emergência locais e identificar qualquer profissional de saúde, segurança ou serviços emergenciais que seja membro da igreja e que possa se voluntariar para estar na equipe;

o Verificar antecedentes criminais de todos os voluntários que participarem de ministérios da igreja, bem como solicitar seus documentos pessoais e copiar as principais informações de identificação de cada um.

• Considerar investir em um sistema de alarme e câmeras de segurança.

PONTOS DE AÇÃO:

• Contar com uma assessoria jurídica que possa manter a comunidade atualizada a respeito das possíveis mudanças legislativas;

• Ter uma política de notificação obrigatória, que é atualizada e assinada anualmente por todos os funcionários e voluntários da igreja;

• Saber o número do Conselho Tutelar para ligar se for necessário fazer uma denúncia;

• Manter diálogo com a rede de proteção e enfrentamento às violências para compreender os protocolos estabelecidos pelo município. Avaliar sempre se determinada conduta gera o dever legal de apresentar uma denúncia ao Conselho Tutelar. Uma maneira de praticar isso com a equipe de proteção ou voluntários da igreja é usar situações hipotéticas e determinar se uma denúncia precisaria ser feita:

o Se uma pessoa revelar que foi abusada quando criança, pergunte se o agressor tem contato/acesso a crianças agora. Se ele for, essa será uma suspeita razoável que deve ser reportada ao Conselho Tutelar;

o Se não há razão para suspeitar de possíveis maus-tratos infantis e não houver perigo de danos corporais iminentes, a confidencialidade geralmente substitui o dever de denunciar.

• Ter um plano de segurança no escritório da igreja e vários funcionários ou voluntários que são treinados para ajudar pessoas a preenchê-lo;

• Considerar ter *vouchers* de hotel disponíveis no escritório da igreja para vítimas que precisem de pernoites de emergência;

• Preparar "malas de viagem", cheias de artigos de higiene pessoal e cupons/cartões de presente, para as vítimas que têm que sair de suas casas de repente;

• Arrecadar celulares antigos para fornecer às vítimas "telefones para 180/190" (todos os celulares, mesmo sem plano, ainda são capazes de ligar para números de emergência);

• Desenvolver/treinar uma equipe de segurança voluntária para a igreja;

• Manter uma área segura para crianças e um controle de entrada/saída delas para a programação do ministério infantil;

• Realizar verificações de antecedentes criminais e colher informações de identificação de todos os funcionários e voluntários da igreja, especialmente aqueles que servem no ministério infantil;

- Ter um guia de referência no escritório da igreja com informações sobre abrigos locais para acolhimento de vítimas de violência doméstica.

ANOTAÇÕES

Capítulo 6

APOIANDO AS VÍTIMAS

A segurança física é uma parte óbvia, embora não seja a única, para a qual devemos nos atentar se desejamos transformar nossas igrejas em um porto seguro para vítimas de abuso. Além de gerarmos planos de segurança e abordarmos os riscos físicos de situações específicas nas quais essas pessoas estão inseridas, é essencial criarmos ambientes emocional e espiritualmente seguros para elas. É possível alcançar esses objetivos por meio do uso de ações de cuidado às vítimas que levem em conta seus traumas, como aconselhamentos individuais, além da inserção dessas pessoas em comunidades intencionalmente dispostas a ajudá-las e de parcerias com outras agências de cuidado e auxílio às vítimas de violência doméstica.

CUIDADO INFORMADO SOBRE TRAUMA PARA SOBREVIVENTES DE ABUSO

Em essência, a violência doméstica é um uso distorcido de poder e controle disfarçado sob o rótulo de "amor". A

Bíblia, em 1João, diz que "Deus é amor." Portanto, quando alguém cresce tendo a visão de que amor é sinônimo de abuso, é possível que as crenças dessa pessoa sobre esse atributo sejam distorcidas, afetando profundamente a relação dessa pessoa com Deus.

Embora nem sempre seja apropriado ou seguro que um casal se reconcilie após uma história de abuso, a vontade de Deus para seus filhos sempre é que haja reconciliação com ele. *A igreja tem uma oportunidade única de facilitar o encontro entre um coração partido e o único amor perfeito.* Isso faz parte de uma cura holística que nenhuma outra técnica terapêutica, programa médico ou sistema de apoio pode oferecer. O amor incondicional só é encontrado nos braços de Cristo.

Dito isso, é importante sabermos que o aconselhamento de vítimas de abuso apresenta um conjunto único de desafios e considerações. Esses indivíduos geralmente estão extremamente traumatizados, podem estar com medo, se sentirem envergonhados ou estarem em negação sobre as suas circunstâncias atuais ou, até mesmo, sobre os seus passados. Por isso, nós sempre devemos considerar encaminhá-los a algum conselheiro treinado no tratamento de traumas e com experiência em trabalhar especificamente com vítimas de abuso. Ainda que eles possam não ser capazes ou treinados para lidar com as necessidades espirituais da vítima como um pastor seria, eles foram treinados para lidar com problemas fisiológicos e psicossomáticos de uma forma que pastores normalmente não foram.

Se a vítima se recusar a ser encaminhada para outro lugar ou se preferir trabalhar com um pastor ou conselheiro de sua igreja, além do aconselhamento externo, devemos incorporar às sessões de aconselhamento individual o máximo possível de ações de cuidado que levem em conta os traumas dessas pessoas.

Em 2015, uma análise de conteúdo qualitativa de ações de cuidado sobre traumas de vítimas de VPPI identificou seis princípios básico de cuidado:[34]

1. *Estabelecer segurança emocional;*

2. *Restaurar a escolha e o controle;*

3. *Facilitar a conexão;*

4. *Apoiar estratégias de enfrentamento;*

5. *Responder à identidade e ao contexto;*

6. *Investir em pontos fortes.*

Essas seis áreas servem como um guia básico para o aconselhamento contínuo e as interações da equipe de atendimento com as vítimas ou sobreviventes de violência doméstica.

1) Estabelecer segurança emocional

Como mencionado no capítulo anterior, segurança é sempre a preocupação número um quando se está trabalhando com vítimas de abuso, fator que inclui segurança física e emocional.

A principal e mais importante maneira de estabelecer a segurança emocional é conduzir aconselhamentos individuais

---

[34] WILSON, J. M.; FAUCI, J. E.; GOODMAN, L. A. Bringing trauma--informed practice to domestic violence programs: A qualitative analysis of current approaches. *American Journal of Orthopsychiatry*, v. 85(6), 2015, p. 586-59.

em relações em que há abuso.[35] As vítimas devem se sentir livres para compartilhar quaisquer sentimentos, informações ou preocupações, sem o medo de sofrerem retaliações pelos seus parceiros. As sessões de aconselhamento devem ser 100% confidenciais, de forma que nenhuma informação divulgada nelas deve ser discutida com os abusadores quando os líderes forem aconselhar os parceiros da vítima (assumindo que ambas as partes estejam sendo aconselhadas na mesma igreja).

Desse modo, antes de iniciarmos a primeira sessão de aconselhamento, é essencial sempre deixarmos claros os limites de confidencialidade com a vítima. Se qualquer informação que for divulgada nessas sessões ocasionar suspeitas de abuso infantil, o Conselho Tutelar deverá ser imediatamente informado.

Por fim, e talvez o mais importante, nunca poderemos culpar as vítimas ou duvidar das experiências relatadas por elas. O abuso nunca é culpa delas. Não há desculpas para a violência doméstica, nem justificativas para ela.

2) Restaurar a escolha e o controle

Como discutido anteriormente no livro, a raiz do abuso é o poder e o controle. Vítimas de VPPI têm seu senso de escolha

---

[35] NATIONAL DOMESTIC VIOLENCE HOTLINE. *Why We Don't Recommend Couples Counseling for Abusive Relationships.* 2014. Disponível em: https://www.thehotline.org/2014/08/01/why-we-dont-recommend--couples-counseling-for-abusive-relationships/.

STINES, S. Why Couples Counseling Doesn't Work in Abusive Relationships. *Psych Central.* 2015. Disponível em: https://pro.psychcentral.com/why-couples-counseling-doesnt-work-in-abusive-relationships/.

roubado delas por outra pessoa. Um dos primeiros objetivos do aconselhamento às vítimas deve ser dar a elas a confiança para retomar o controle de suas vidas. A primeira maneira de se fazer isso é evitando falar para elas o que devem fazer.

Como seres humanos, nós temos a tendência de querer consertar as coisas e retificá-las. É tentador falarmos para uma pessoa que está em crise como ela deve proceder ou o que deve fazer. Na verdade, algumas vezes a pessoa pode pedir que façamos exatamente isso. No entanto, é fundamental que nós nos lembremos de que não é nossa tarefa consertar a vida ou as circunstâncias das vítimas. Não é nosso trabalho dizer a elas o que devem fazer ou como devem proceder. Dizer para essas pessoas o que devem fazer, inadvertidamente, transfere o controle sobre a vítima do agressor para nós.

Em vez disso, devemos nos considerar como um interlocutor. Ouvir o que as vítimas têm a dizer, entendendo o motivo de estarem preocupadas e quais dificuldades estão enfrentado, é um aspecto importante para sabermos a realidade de cada uma delas e, então, podermos oferecer o máximo de escolhas possíveis. Falar sobre as opções com as vítimas e permitir que elas escolham por si próprias o que parece certo é o que deve ser feito.

A segunda maneira de restaurarmos o controle é permitir que as vítimas ditem quão confortáveis estão em falar sobre aquilo que vivenciaram e respeitar os limites dessas pessoas sempre que possível (isto é, pedir permissão delas para sabermos sobre os detalhes e deixar claro que elas podem ir até os pontos com os quais se sentem confortáveis).

No fim das contas, essa jornada é sobre as vítimas, e nós somos apenas observadores privilegiados. Permitir que elas decidam quando e se estão preparadas para compartilhar certas informações e não pressioná-las a fazer algo que ultrapasse seus limites são atitudes que as ajudam a recuperar o controle sobre as próprias vidas e a estarem aptas a criarem laços e conexões interpessoais de forma segura, respeitosa e saudável.

3) Facilitar a conexão

Geralmente, quando as vítimas estão contando partes de suas histórias, existem certos elementos adicionais que não são compartilhados de imediato. Não há somente partes desses relatos que são extremamente pessoais e traumáticas, como também pode haver uma sensação de desconfiança dessas pessoas para conosco. Talvez essas pessoas tenham compartilhado aquilo que viveram no passado com outros indivíduos e se deparado com ceticismo ou descrença, além de que é possível que a bagagem de seus próprios relacionamentos abusivos tenha prejudicado a capacidade de elas confiarem nos outros.

Permitirmos que as vítimas estabeleçam o ritmo das sessões de aconselhamento e respeitá-las de todas as maneiras possíveis são fatores cruciais para realmente conseguirmos ajudá-las. Não as pressionarmos para obter informações ou forçá-las a responder a perguntas sobre as quais elas não estão prontas para falar são atitudes que criam um ambiente seguro no qual elas se sentirão confortáveis para serem vulneráveis. Por isso, é importante permitirmos que nossos relacionamentos com as vítimas e sentimentos de confiança mútua se desenvolvam ao longo do tempo de forma gradativa. Em última análise, a melhor coisa que podemos fazer é sermos espaços seguros, de forma consistente, em todas as fases da vida e jornada dessas pessoas.

4) Apoiar estratégias de enfrentamento

Os efeitos do trauma podem ser avassaladores e vitalícios. Muitas das vítimas de VPPI sofrem de Transtorno de Estresse Pós-Traumático (TEPT) e podem ter dificuldade em lidar com estressores e conflitos do dia a dia. Portanto, considerarmos incorporar vários mecanismos de enfrentamento nas sessões de aconselhamento para facilitar a cura e o controle saudável da ansiedade é algo crucial.

Além de terapia profissional, aqui estão algumas alternativas a se considerar:

- Terapia artística;

- Escrever um diário;

- Oração;

- Atividade física;

- Dormir bem;

- Meditação sobre a verdade por meio da memorização das Escrituras;

- Respirar fundo;

- Consultar um médico para tomar alguma medicação (se for necessário).

5) Responder à identidade e ao contexto

Na hierarquia de necessidades de Maslow, "estima" é considerada um dos principais motivadores humanos. Todos nós precisamos saber que somos valiosos, vistos, queridos e amados. As vítimas de VPPI ouviram exatamente o oposto disso por seus agressores. Uma parte chave do aconselhamento às vítimas de abuso é contrariar essas mentiras falando a verdade sobre quem elas são em Cristo.

Aqui estão alguns ótimos pontos de partida para ajudar as vítimas a enraizar sua identidade com base em quem Deus diz que elas são:

- *Filha de Deus (João 1.12; 1João 3.1,2; Gálatas 3.26; Romanos 8.14,15);*

- *Aceita (Romanos 15.7);*

- *Escolhida (1Pedro 2.9; Colossenses 3.12; João 15.16);*

- *Uma nova criatura (2Coríntios 5.17);*

- *Amiga (João 15.15);*

- *Coerdeira com Cristo (Romanos 8.17);*

- *Criada para Boas Obras (Efésios 2.10);*

- *Perdoada e salva (Romanos 8.1; Efésios 1.7, 2.8);*

- *Querida (Colossenses 3.12);*

- *Vencedora (Romanos 8.37);*

- *Criada à imagem de Deus (Gênesis 1.27);*

- *Criada de um modo especial e admirável (Salmo 139.13-16);*

- *Chamada (2Timóteo 1.9; Mateus 28.18-20);*

- *Amada (João 15.9; 1João 4.9,10; Romanos 8.37-39);*

- *Filha da Luz (Efésios 5.8; 1Tessalonicenses 5.5);*

- *Forte (Filipenses 4.13);*

- *Jamais esquecida (Isaías 49.15,16);*

- *Vista (Salmo 139.1-12);*

- *Ouvida (Salmo 18.6);*

- *Livre (Gálatas 5.1,13; 2Coríntios 3.17; João 8.36).*

6) Investir em pontos fortes

Em vez de ficarmos sempre focando nas experiências negativas/traumáticas das vítimas, é importante tentarmos construir nelas um senso de força e capacidade (lembre-se de Maslow!). Elogiar a coragem e os avanços que elas já tiveram e ajudá-las a saber que outros recursos podem estar disponíveis são pontos cruciais para que elas se desenvolvam. Por isso, é sempre importante que nós as auxiliemos na orientação dentro do contexto da comunidade local onde estamos inseridos.

Talvez isso as faça buscar referências em agências externas que podem ajudar a atender suas necessidades físicas específicas ou checar de forma mais precisa e intencional as formas com que a igreja local pode servi-las. Há várias formas de elas serem auxiliadas: pode ser por meio da ajuda para que elas possam fazer um supletivo, procurar emprego ou encontrar uma creche; pode ser por intermédio de auxílio para conectar as vítimas a um pequeno grupo ou a uma dedicada equipe de aconselhamento; ou pode ser as ajudando a se envolverem na igreja de uma maneira que as possibilite usar seus dons sem que a condição de vítima seja levada em consideração.

CRIANDO UMA EQUIPE DE ACONSELHAMENTO: POR QUE A COMUNIDADE INTENCIONAL É IMPORTANTE QUANDO SE MINISTRA ÀS VÍTIMAS

Uma das táticas mais comuns utilizadas pelos abusadores para controlar seus parceiros é o isolamento. O isolamento torna as vítimas financeira e emocionalmente dependentes de seus abusadores, além de também acabar reduzindo o risco de essas pessoas contarem para alguém o que está acontecendo em seus relacionamentos. As manifestações comuns do comportamento de um isolador incluem:

- *Sempre ter que saber onde a vítima está, rastrear o telefone, ligar e mandar mensagens constantemente;*
- *Tornar-se extremamente ciumento com amigos e conhecidos;*
- *Buscar a atenção da vítima o tempo inteiro e usar frases como: "Se você realmente me ama, não gostaria de passar todo o seu tempo comigo?";*
- *Fazer a cabeça da vítima contra amigos e familiares;*
- *Recusar-se a deixar a vítima ver seus amigos e familiares;*
- *Ficar dando ultimatos à vítima do tipo "Escolha: eu ou eles.";*
- *Recusar-se a deixar a vítima trabalhar ou ficar indo constantemente ao trabalho da vítima para vigiá-la;*
- *Afirmar que a vítima o está traindo;*
- *Exigir a senha do celular da vítima.*

Sem uma robusta rede de apoio, torna-se praticamente impossível para muitas vítimas abandonar seus relacionamentos tóxicos e, mais ainda, se manterem fora dessas relações permanentemente. Talvez, essas pessoas não trabalhem fora há anos e, agora, terão que encontrar um trabalho como mãe/pai solteiro. Elas podem não ter amigos ou familiares com quem as crianças possam ficar ou que possam ajudá-las em situações difíceis; talvez, não haja ninguém com quem pensar em alternativas ou para apoiar a decisão de saírem de casa, ninguém para dizer que elas são dignas, valorizadas ou amadas. Ninguém que se importe verdadeiramente. Se for esse o caso, elas provavelmente estão sobrecarregadas, feridas, com medo e sentindo-se totalmente sozinhas.

De acordo com a teoria de Maslow, sentimentos de pertencimento são quase tão necessários para nós quanto comida, abrigo e segurança. Sem uma comunidade, muitas vítimas optam por voltar para seus relacionamentos destrutivos em vez de enfrentarem a vida sozinhas. Existem inúmeras agências que oferecem assistência de emergência imediata; mas *não há agências* que ofereçam uma comunidade e apoio de longo prazo a essas pessoas.

A igreja local é um recurso inexplorado que atende exatamente a essa necessidade. Gálatas 6.2 diz: "Levem os fardos pesados uns dos outros e, assim, cumpram a lei de Cristo."

Quando alguma vítima se apresenta e revela os abusos que sofre, é vital descobrir como nossas igrejas podem construir uma rede de apoio holística e de longo prazo para ajudar a guiá-la não apenas na presente situação, mas também nas repercussões físicas, mentais, emocionais e espirituais que situações de violência doméstica geraram ao longo do tempo. Por isso, essas equipes devem incluir membros de nossas igrejas e profissionais de agências externas relevantes.

Em igrejas de pequeno e médio porte, é especialmente fácil para pastores acabarem na posição de serem "todas as coisas para todas as pessoas". Essa mentalidade não só leva a um esgotamento daqueles que estão à frente do ministério pastoral, mas também pode fazer com que algumas necessidades dos fiéis sejam esquecidas. O fardo do abuso é considerável e, normalmente, as necessidades de serviços e apoio também. Os pastores precisam ter membros de confiança que possam ajudar a atender às necessidades físicas, espirituais e emocionais dos sobreviventes e de suas famílias, para que o fardo não caia diretamente sobre os ombros dos líderes (os quais ficam, muitas vezes, sobrecarregados).

Existem duas maneiras principais de preparar e treinar os membros de uma equipe de aconselhamento a partir da igreja local. A primeira e principal é recrutar e treinar voluntários que atuarão precipuamente dentro da congregação. A segunda maneira é esperar até que haja uma vítima específica que precise de assistência e, então, treinar um ou mais indivíduos com quem a vítima se sinta confortável em ter como parte de sua equipe de atendimento. Seja qual for o caminho pelo qual nossas igrejas optem seguir, é importante que nos certifiquemos de ter um currículo de treinamento pronto e acessível que possamos usar para desenvolver e equipar novos defensores.

NOTA: Novamente, é essencial incutir a escolha e o consentimento sempre que possível ao trabalharmos com alguma vítima. Temos o dever de nos certificarmos de pedir a permissão dela sobre o que podemos compartilhar e com quem. Além disso, elas sabem do que precisam melhor do que nós, então é essencial perguntarmos a elas sobre as necessidades que possuem.

OS QUATRO PAPÉIS DA IGREJA COMO REFÚGIO:

1. Aconselhamento e cuidado pastoral

2. Comunidade, pertencimento e apoio

    a. Equipe de cuidado para as vítimas:

        i. Colaboradores confiáveis, treinados para intencionalmente estar ao lado da vítima (fornecendo apoio emocional, acompanhamento espiritual individual, oração regular e ajuda com as necessidades práticas, além de auxiliarem na comunicação com o pastor e de amarem as vítimas).

b. Equipe de atendimento para a(s) criança(s) das vítimas:

i. líderes do ministério infantil ou outros defensores treinados e examinados que forneçam apoio emocional e promovam sensação de estabilidade para o(s) filho(s) da vítima;

ii. cuidar da(s) criança(s)/ser babá delas.

c. Integração à igreja:

i. Grupo (mesmo pequeno) que se reuna regularmente;

ii. Convites intencionais para participarem da vida um do outro. Ex. Convites para jantar uma vez por semana, reuniões regulares para um café etc.

3. Apoio físico e financeiro

a. Encontrar moradia, alimentação, transporte, assistência para encontrar emprego etc.

4. Indicar outras organizações qualificadas

a. Certificar-se de que as vítimas estejam recebendo a melhor informação e apoio possível e ter uma lista de recursos locais para consultar.

OFERECENDO UM CUIDADO HOLÍSTICO: A IMPORTÂNCIA DE TRABALHAR JUNTO COM ONGS E AGÊNCIAS GOVERNAMENTAIS

"Andando à beira do mar da Galileia, Jesus viu dois irmãos: Simão, chamado Pedro, e seu irmão André. Eles estavam lançando redes ao mar, pois eram pescadores. E disse Jesus: 'Sigam-me, e eu os farei pescadores de homens'. No mesmo instante eles deixaram as suas redes e o seguiram. Indo adiante, viu outros dois irmãos: Tiago, filho de Zebedeu, e João, seu irmão. Eles estavam num barco com seu pai, Zebedeu, preparando as suas redes. Jesus os chamou, e eles, deixando imediatamente seu pai e o barco, o seguiram." (Mateus 4.18-22)

Quando Jesus chamou seus primeiros discípulos, ele escolheu pescadores. Nesse cenário, a pesca não envolvia sentar-se no cais com uma vara nas mãos e lançar uma linha, sem pressa nem hora para acabar. Em vez disso, era uma atividade feita em grande escala, em que eram utilizadas redes para capturar grandes quantidades de peixes de uma só vez. Embora a pesca com rede seja muito eficiente da manual, ela requer uma tripulação considerável para puxar a captura, consertar e manter as redes e navegar o barco; não é um trabalho solitário.

Jesus comparou a antiga profissão dos seus primeiros discípulos com o seu novo chamado — agora seriam pescadores de homens. Ele sabia que, para alcançar as pessoas com eficácia, seria necessário haver uma equipe trabalhando em conjunto. Da mesma forma, a melhor maneira de alcançar qualquer grupo de pessoas, incluindo vítimas de VPPI, é trabalhar como um grupo de pescadores que utilizam redes em seus ofícios, em vez de atuar como aqueles que trabalham manualmente, pescando com vara e linha.

Historicamente, a igreja local, as agências governamentais/estaduais e as organizações sem fins lucrativos que trabalham com vítimas de VPPI têm funcionado separadamente — cada uma se esforçando para atingir objetivos semelhantes, mas não cruzando as "linhas" imaginárias de trabalho umas das outras. A competição por financiamento bancário e o medo de terem vítimas "roubadas" por outras agências resultaram *em uma cultura de pesca individual, por linha*. Cada grupo fornece algum grau de assistência e amparo às vítimas, mas apenas em pequena escala e apenas para alguns "peixes" selecionados.

O que aconteceria se, em vez de evitarmos cruzar essas linhas de atuação, nós as cruzássemos *intencionalmente*? As redes são simplesmente linhas entrelaçadas para criar um método de pesca maior e mais eficaz. Se nossas igrejas desejam ajudar vítimas de abuso de forma eficiente, pararmos de tentar fazer isso sozinhos e começarmos a fazer parcerias com outras organizações que atuem auxiliando vítimas de violência doméstica reunirá esforços coletivos para que essas instituições nos ajudem em aspectos com os quais não podemos lidar sozinhos. Todos nós conhecemos aquela frase clichê, "se quer ir rápido, vá sozinho; se quer ir longe, vá em grupo." e, nesse caso, ela é totalmente verdadeira.

Em um estudo de 2018, quase metade dos pastores protestantes disseram não estarem familiarizados com os recursos comunitários contra situações de violência doméstica.[36] Portanto, é importante que a igreja não apenas *seja* um recurso, mas trabalhe *com* outros recursos e outras ferramentas fora de sua alçada para fornecer formas mais abrangentes de cuidado e acolhimento para a comunidade local.

Instituições eclesiásticas não possuem jurisdição e não podem oferecer proteção legal às vítimas. O Estado, por outro lado, pode – seja por meio de medidas protetivas, mudanças de guarda, serviços de proteção à criança, seja por meio de processos penais. Geralmente, há vários benefícios gerados e concedidos às vítimas de vppi através do sistema judicial, cuja atuação é fora da competência da igreja e, portanto, não é algo em que possamos, ou devamos, aconselhar.

Além disso, Romanos 13.1 diz: "Todos devem sujeitar-se às autoridades governamentais, pois não há autoridade que não venha de Deus; as autoridades que existem foram por ele estabelecidas." Nessa passagem, os crentes são ordenados a submeterem-se às autoridades civis, de forma que, em casos de abuso – os quais podem apresentar consequências legais (civis e criminais) –, as instâncias jurídicas ficarão responsáveis por determinar as implicações dessas situações. Por isso, é importante sabermos para onde encaminhar as vítimas quando elas quiserem explorar as opções legais disponíveis, como medidas protetivas, ou denunciar agressões.

---

[36] LIFEWAY RESEARCH. *Domestic and Gender-Based Violence: Pastors' Attitudes and Actions: Survey of Protestant Pastors*. 2018. Disponível em: lifewayresearch.com/wp-content/uploads/2018/09/Domestic-Violence--Research-Report.pdf.

Além do sistema legal, há uma variedade de profissionais externos e terapeutas especialmente treinados em como trabalhar com vítimas de violência doméstica e como ajudá-las a navegar nas águas turbulentas do sistema judicial, além de terem acesso a opções de assistência financeira, moradia acessível etc. Nesse sentido, a igreja pode e deve ser uma participante fundamental na cura de indivíduos que sofreram/estão sofrendo VPPI, embora não seja a única participante, nem possa atender a todas as necessidades dessas pessoas sozinha.

A Escritura usa a analogia de um corpo quando fala sobre a comunidade de fé (1Coríntios 12), referindo-se aos muitos membros da igreja, que são abençoados por Deus com diferentes dons e forças, como uma unidade que faz o conjunto funcionar. Da mesma forma, na defesa de direitos, muitas agências e indivíduos ajudam a criar uma rede de apoio que atenda às necessidades complexas e variadas das vítimas, dos agressores e das famílias. Ignorar agências externas por causa das crenças seculares que algumas dessas instituições apresentam é isolar a vítima dos membros vitais de uma equipe de assistência holística. *A fé deve sempre direcionar nosso trabalho, mas não deve excluir a assistência prática de agências governamentais e organizações sem fins lucrativos que trabalham auxiliando vítimas de violência doméstica.*

Da mesma forma, muitas agências externas que trabalham na área de defesa do abuso doméstico não podem, nem devem, substituir o papel único da igreja. Sem o trabalho eclesiástico, a rede de pesca metafórica teria um buraco enorme, por onde as vítimas estariam caindo. Como mencionado anteriormente, nenhuma organização sem fins lucrativos ou agência pode oferecer uma comunidade de pertencimento, um senso de propósito, valor e significado e um sistema de apoio a longo prazo como o corpo de Cristo pode!

Que possamos ser a igreja nas nossas comunidades responsáveis pelo início do processo de conserto e criação de redes de apoio — criando associações de organizações que trabalham juntas para fornecer atendimento holístico às vítimas de VPPI. Uma maneira fácil de começarmos a fazer isso é ligar para as agências de defesas a vítimas de VPPI em nossos estados ou municípios e pedir um *tour* por suas instalações ou convidá-los para irem até nossas congregações e falarem com nossas lideranças sobre o que fazem. Podemos nos surpreender com a abertura dessas organizações para trabalhar com nossas igrejas!

PONTOS DE AÇÃO:

- Eduque seus pastores e membros da equipe de liderança sobre os princípios de cuidado informados sobre traumas;
- Comece a orar por membros da igreja que possam estar interessados em se voluntariar como parte dedicada de uma equipe de cuidados;
- Desenvolva um programa de treinamento para membros voluntários de equipe assistencial;
- Compile um diretório de organizações e recursos locais para as vítimas. Certifique-se de manter várias cópias no escritório da igreja;
- Conheça seus limites e tenha o hábito de consultar outros indivíduos/agências para atribuições fora de sua zona de conforto ou autoridade;

- Coloque cartazes com o número de linhas de emergência nas cabines dos banheiros da igreja;
- Ofereça-se para que organizações sem fins lucrativos em sua comunidade local falem com a liderança da igreja sobre o que fazem;
- Reúna-se com agências locais para ver como você pode fazer parceria/apoiá-las em seu trabalho.

ANOTAÇÕES

Capítulo 7

CONFRONTANDO E ACONSELHANDO O OFENSOR

DISCIPLINA ECLESIÁSTICA: REPERCUSSÕES PARA UM MEMBRO ABUSIVO

É comum no corpo de Cristo que irmãos e irmãs desafiem-se, afiem-se e responsabilizem-se uns aos outros de modo a viverem uma vida piedosa. Contudo, há momentos em que crentes não arrependidos precisam ser disciplinados formalmente por parte da igreja (Mateus 18.15-17). Embora não seja um tema popular na comunidade cristã, a disciplina eclesiástica é essencial para a saúde espiritual do indivíduo e do corpo de Cristo como um todo. Como os pais disciplinam seus filhos (Hebreus 12.7-10) e como o Senhor disciplina aqueles que ama (Hebreus 12.6), também a igreja deve disciplinar seus membros por amor a eles e por preocupar-se com toda a congregação (1Coríntios 5.9-11), além de também proteger o testemunho de Cristo ao mundo (1Coríntios 5.6; 1Pedro 2.12).

Na prática, todas as organizações utilizam alguma forma de ação disciplinar para os membros que não se alinharem com a ética/visão defendida pelo grupo e, com a igreja, não é diferente. Ocasionalmente, há membros que violam as crenças fundamentais da comunidade, colocando-se, assim, em risco de se afastarem de Cristo e do resto da congregação, além de poderem tropeçar em sua fé. A disciplina, nesse sentido, é uma forma de devolver amorosamente o indivíduo ao corpo da igreja ou, caso isso não aconteça, de removê-lo dela.

1Pedro 2.9-11 diz:

> *"Vocês, porém, são geração eleita, sacerdócio real, nação santa, povo exclusivo de Deus, para anunciar as grandezas daquele que os chamou das trevas para a sua maravilhosa luz. Antes vocês nem sequer eram povo, mas agora são povo de Deus; não haviam recebido misericórdia, mas agora a receberam. Amados, insisto em que, como estrangeiros e peregrinos no mundo, vocês se abstenham dos desejos carnais que guerreiam contra a alma."*

Como um povo escolhido, chamado por Deus a ser santo como ele é santo, os cristãos estão seguros dentro de um certo conjunto de padrões de comportamento. Certamente, recebemos a graça de Cristo, em quem todos os nossos pecados são perdoados e a lei perfeitamente cumprida, mas também somos advertidos a não abusar da graça que nos foi dada, usando-a como desculpa para continuar a pecar (Judas 1.4). Qualquer membro da igreja que seja confrontado com um pecado grave e/ou persistente, mas que se recuse a confessar e a arrepender-se, está banalizando a graça de Deus.

Mateus 18.15-17 estabelece um guia passo a passo para a disciplina eclesiástica. O primeiro passo mencionado nesse livro é confrontar o membro da igreja sozinho ou acompanhado de uma ou duas pessoas. Se o membro reconhece o seu pecado e se arrepende, pode iniciar-se então o processo de reintegração dele ao corpo de Cristo. Porém, isso não significa que não haverá consequências, precauções, ou responsabilizações durante o processo de restauração.

Se, após o confronto, o irmão ainda se recusar a reconhecer e a arrepender-se do seu pecado, o próximo passo delineado em Mateus é levar o assunto perante os demais membros da igreja. "E, se também não escutar a igreja, considera-o como um gentio e publicano" (Mateus 18.17). Em outras palavras, um membro não arrependido da congregação, que não reconheça o seu pecado e/ou não siga as diretrizes disciplinares, deve ser afastado da membresia da igreja.

1João 1.8-10 diz:

> *"Se afirmarmos que estamos sem pecado, enganamo-nos a nós mesmos, e a verdade não está em nós. Se confessarmos os nossos pecados, ele é fiel e justo para perdoar os nossos pecados e nos purificar de toda injustiça. Se afirmarmos que não temos cometido pecado, fazemos de Deus um mentiroso, e a sua palavra não está em nós."*

A exclusão de um membro da igreja nunca deve ser tomada de maneira leviana, nem deve ser realizada com intenções maliciosas. O coração de Cristo está sempre aberto ao fato de que pessoas perdidas podem eventualmente encontrar de novo o seu caminho para casa (Lucas 15). Da mesma forma, o coração da igreja deve estar aberto para que o membro excluído possa eventualmente arrepender-se e voltar para Deus e para a igreja (seja a sua igreja local, seja outra comunidade de fé).

Ocasionalmente, por razões de segurança, um indivíduo que tenha prejudicado grandemente outro membro da congregação pode ser convidado a frequentar uma igreja diferente, mesmo que esteja disposto a arrepender-se e a responsabilizar-se pelos erros cometidos. Isso é feito por cuidado e respeito a ambas as partes envolvidas e pode ser visto como uma consequência natural do comportamento pecaminoso em questão.

Por mais necessária que seja a disciplina formal da igreja, se não for feita de forma cuidadosa e após períodos de oração, pode tornar-se um instrumento de abuso espiritual. Da mesma forma que a VPPI está enraizada numa necessidade de controle, se um líder da igreja usa a disciplina como instrumento para punir aqueles que discordam dele, forçar os membros à conformidade ou abusar da autoridade espiritual sobre eles, *será considerado abuso*. A disciplina deve *sempre* estar enraizada no amor, não na nossa vontade pecaminosa de ter controle sobre as outras pessoas, muito menos no rancor.

Para evitar o mau uso da disciplina formalizada, qualquer responsabilidade ou processo disciplinar deve ser levado a cabo e supervisionado pela direção e pelo conselho da igreja, na presença de diáconos e de múltiplos pastores (a depender do sistema de governo de sua denominação). Isso assegura que nenhum líder da igreja tenha o poder de acusar e disciplinar um membro da congregação de forma indevida. Além disso, a política de nossas igrejas deve ser clara sobre que tipos de questões serão disciplinadas e quais serão as etapas desses processos. Por fim, é importante nos lembrarmos de que a disciplina formal só deverá ser exercida nos casos em que haja uma questão de *pecado persistente e/ou grave*.

Uma política ou um processo formal de disciplina da igreja deve:

1) Ter os passos e os procedimentos do processo claramente definidos;

2) Ser realizado por múltiplos líderes da igreja (sem jogo de poder);

3) Eventualmente, ser levado perante todos os membros da igreja;

4) Limitar-se a questões de pecado grave e persistente.

CONFRONTAÇÃO: QUANDO E COMO CONFRONTAR O OFENSOR NO CORPO DA IGREJA

O primeiro passo na disciplina eclesiástica, tal como estabelecido em Mateus 18, consiste em confrontar o membro sozinho ou com um ou dois outros irmãos. Embora Mateus não especifique exatamente quem deve(m) ser a(s) testemunha(s), é sensato que pelo menos uma delas seja líder ou pastor da igreja. Como medida de segurança ao confrontar uma pessoa acusada de VPPI, deve haver sempre alguma testemunha para o confronto inicial, por duas razões principais:

1) Se a pessoa a ser confrontada tem um histórico de violência física, é razoável supor que um confronto pode

potencializar uma situação perigosa. Nesse caso, ter múltiplas testemunhas limita a possibilidade de as coisas saírem do controle;

2) Ter várias testemunhas durante um confronto garante que exista uma equipe que assuma a responsabilidade de checar as informações, caso o agressor faça alegações ou acusações falsas, bem como mais do que um par de ouvidos para discernir, em oração, a conclusão do confronto.

Parceiros abusivos são habilidosos na manipulação e raramente reconhecerão seu pecado. Eles sabem o que alguém quer ouvir, são especialistas em minimizar e transferir a culpa, podem ser excelentes comunicadores e membros importantes na congregação; na maioria das vezes, seriam a última pessoa de quem desconfiaríamos. Mesmo o rei Davi, um grande governante e um homem segundo o coração de Deus, cometeu atrocidades terríveis e tentou encobri-las com manipulação, ao invés de admitir as suas próprias ações adúlteras.

Em outras palavras, a natureza humana é a de defendermos a nós mesmos, negarmos os erros cometidos e justificarmos as nossas ações, mesmo quando sabemos que elas estavam erradas. Combine esse fator a alguém que se aproveita de situações para manter uma sensação de poder e controle e automaticamente teremos uma conversa bastante difícil. Quando os abusadores são confrontados, podem tentar encontrar formas de se desculpar ou negar seus comportamentos, além de nos fazer sentir pena deles. Contudo, qualquer que tenha sido a intenção por trás das ações abusivas que praticaram, isso não anula o resultado destrutivo delas. Além disso, não vale a pena discutir sobre boas ou más intenções se os agressores não puderem reconhecer a natureza danosa de suas atitudes.

No caso de Davi, foi somente quando o profeta Natã o confrontou com a verdade dos seus atos e dos castigos resultantes, que ele se arrependeu (2Samuel 12). *O confronto e a disciplina são princípios bíblicos.* Nenhum deles significa que Deus ama menos o indivíduo disciplinado e confrontado ou que ele será excomungado da igreja automaticamente. É importante assinalar que, nessa passagem, Deus tem misericórdia e compaixão de Davi em meio ao seu arrependimento. Contudo, essa misericórdia não negou as consequências dos atos de Davi (a morte do primogênito de Bate-Seba e de Davi).

Guia Prático Para Confrontação

1. Consultar a vítima:

a) Sempre que possível, falar com a vítima e obter o seu consentimento ANTES de confrontar o agressor.

i. A VPPI retira o poder da vítima sobre a própria vida; o seu trabalho é permitir o máximo de escolha que puder na situação.

ii. O confronto com um agressor conduz, frequentemente, a uma retaliação contra a vítima. Tentar falar com ela sobre o que pode ser feito e o que pode colocá-la em perigo é essencial para mantê-la segura. No mínimo, deve-se pensar em um plano de segurança para a vítima antes de confrontar o parceiro.

iii. Se o abuso ocorrer entre dois adultos e não tiver chegado ao nível de um crime e/ou a vítima não estiver em risco iminente de morte ou lesão corporal, não nos compete denunciar o abuso às autoridades policiais, mas sim apoiar a vítima e oferecer-lhe opções.

b) Reúna o máximo de informação e o maior número possível de exemplos tangíveis da agressão.

i. Procurar ações que se enquadrem em cada categoria da Roda de Poder e Controle.

ii. Ser específico e descritivo. Anotar os resultados de cada ação/tática.

2. Segurança, segurança, segurança:

a) Ao confrontar alguém que é abusivo, é essencial considerar a segurança da família da vítima, da própria vítima e dos que farão o confronto.

i. Pensar em um plano de segurança com a vítima.

ii. Trazer testemunha(s) para o confronto.

iii. Certificar-se de ter um telefone prontamente acessível no caso de as coisas saírem do controle.

iv. Considerar um encontro num local público.

3. Não surpreender o suposto agressor:

a) É importante informar previamente a pessoa com quem gostaríamos de conversar.

i. Ligar e marcar uma reunião quando a pessoa puder dedicar tempo para conversar com você.

4. Seguir um guia de confrontação:

a) Confrontação com o objetivo de ouvir o lado da história do agressor acusado.

i. Abordar o tema do suposto abuso sem acusações.

ii. Fazer as perguntas necessárias.

iii. Ouvir a narrativa da outra parte sobre o assunto.

iv. Ser tardio em irar-se.

b) O confronto como parte de um ato de disciplina eclesiástica.

i. Falar com amor e com o coração voltado para a restauração.

ii. Estabelecer limites e consequências.

iii. Não se deixar apanhar por discussões ou desculpas infrutíferas.

5. Estabeleça um Documento Disciplinar de Responsabilização:

a) Se o indivíduo estiver disposto a admitir o abuso, arrepender-se e passar por um processo de reparação, mostrar-lhe uma proposta de plano disciplinar/de responsabilidade.

i. NOTA: Em casos de abuso grave, a disciplina pode envolver a exclusão do indivíduo da membresia da igreja a fim de promover a segurança da vítima/congregação.

b) Compartilhar o Plano Disciplinar com qualquer pessoa na igreja com quem o casal esteja buscando conselho ou apoio. Considerar também a obtenção de um formulário de consentimento assinado para compartilhar informações com quaisquer agências externas que também estejam trabalhando no caso.

i. Isso ajuda a evitar a triangulação e confusão entre as equipes de liderança/redes de apoio.

c) Estabelecer um plano de responsabilização que tenha sido aprovado pelos líderes/pastores da igreja.

i. Os abusos mais graves ou persistentes devem ter um plano mais longo.

6. Manter anotações detalhadas sobre encontros e conversas:

a) Registros claros de todos os encontros servem como proteção contra falsas acusações, conferem transparência ao processo disciplinar e asseguram uma resposta coordenada pela igreja ou presbíteros.

ii. Documentar o confronto inicial e a resposta.

iii. Manter um registro detalhado de todas as reuniões ou conversas subsequentes.

Nos casos de abuso físico ou sexual, é do interesse da igreja permitir às autoridades locais a realização de uma investigação oficial. Afinal de contas, é para isso que elas foram especificamente treinadas. No entanto, se a vítima não estiver disposta a falar com as autoridades policiais ou se o comportamento/incidente não chegar a ser considerado como criminoso, a igreja pode ter de iniciar a sua própria investigação interna sobre o alegado abuso (sempre respeitando os limites legais; e, no caso de dúvidas, consultar uma assessoria jurídica).

Nesse momento, é importante lembrar que devemos estar sempre conscientes da autonomia e dos desejos da vítima e honrá-los sempre que possível. Se ela não quiser, em qualquer hipótese, que confrontemos ou iniciemos uma investigação sobre a outra parte envolvida (assumindo que não haja perigo iminente, nem de segurança para alguma criança ou para outros membros da igreja), então devemos esperar até que ela esteja pronta e se sinta confortável para levar a denúncia adiante.

Em qualquer situação em que haja suspeitas/alegações de abuso entre dois membros da congregação, o casal deve começar um aconselhamento separado/individual em vez de um aconselhamento conjugal. Tal como mencionado nos capítulos anteriores, isso é essencial por várias razões. Primeiro, durante a fase de revelação ou investigação, aconselhamentos individuais permitem ao pastor/conselheiro ouvir as perspectivas de ambas as partes, fazer perguntas e ouvir todo o relato sem a transferência de culpas ou manipulações. Em segundo lugar, conversar separadamente dá à vítima um lugar seguro para trazer à tona as preocupações que ela possui sem a presença do seu agressor. Em terceiro plano, aconselhamentos matrimoniais, quando existe VPPI, coloca a vítima em risco ao abrir a porta para o agressor retaliar sobre o que foi dito ou revelado durante a sessão. Em quarto lugar, esse tipo de aconselhamento sugere que ambas as partes são de alguma forma responsáveis pelas situações de abuso, em vez de levarem em consideração a diferença nítida de poder e autoridade a favor do agressor.

Numa estatística assustadora, a Lifeway Research descobriu que 70% dos pastores protestantes utilizaram o aconselhamento matrimonial quando lidaram com situações de violência doméstica ou sexual. Na mesma pesquisa, foi constatado que 54% dos pastores não conduziram qualquer aconselhamento privado com o agressor.[37]

Como é que mais de dois terços dos pastores tratam a VPPI como uma questão conjugal e não como uma questão de pecado? Por que mais de metade dos pastores não prestaram qualquer tipo de aconselhamento individual, responsabilidade ou tratamento para o infrator?

Se alguém na sua congregação admitir ser abusivo ou se uma vítima se apresentar, é essencial saber como trabalhar com ambas as pessoas. *Se o abuso não for abordado em sua raiz — o agressor —, essa situação não será resolvida.* Não basta simplesmente abordar apenas as necessidades da vítima, ignorando a questão do pecado do agressor.

Isso não quer dizer que a igreja deva ajudar agressores em detrimento da segurança ou bem-estar das vítimas. Como mencionado anteriormente, por vezes, talvez seja necessário afastar os abusadores da congregação para manter a segurança das vítimas e dos demais membros, porque eles não estão dispostos a arrepender-se e a seguir um plano de responsabilização/disciplina.

O afastamento da igreja local não significa que o indivíduo já não possa mais ser ou tornar-se cristão; significa apenas que deve ser afastado de uma congregação em particular.

---

[37] LIFEWAY RESEARCH. Domestic and Gender-Based Violence: Pastors' Attitudes and Actions: Survey of Protestant Pastors. 2018. Disponível em: lifewayresearch.com/wp-content/uploads/2018/09/Domestic-Violence-Research-Report.pdf.

RESPONSABILIZAÇÃO E ACONSELHAMENTO INDIVIDUAL COM UM OFENSOR: COMO LIDAR COM O ABUSO, O PECADO, O ARREPENDIMENTO E A RESTAURAÇÃO

Se um indivíduo admitiu, se arrependeu de ter abusado seu parceiro e não constitui um risco iminente para a vítima ou para a congregação, o passo seguinte será estabelecer um plano de responsabilização para reintegrar o indivíduo no corpo de Cristo como um membro saudável. A primeira parte desse procedimento deverá sempre incluir o encaminhamento do indivíduo para um conselheiro profissional ou programa de tratamento que trabalhe com agressores.

Esses programas são especificamente concebidos para lidar com a VPPI e reduzir o risco de reincidência no futuro. Se os agressores não acharem que necessitam de "ajuda profissional", é necessário ficarmos atentos: crentes verdadeiramente arrependidos estarão mais preocupados em abordar os seus hábitos abusivos do que em tentar achar atalhos no tratamento ou no processo de reconciliação.

A segunda parte de um plano de responsabilização deverá ser composta por um aconselhamento individual supervisionado por mais de um pastor ou líder da comunidade de fé. As pessoas que utilizam a violência domiciliar como forma de controlar aqueles que, em tese, são importantes para elas têm um padrão obstinado de manipular situações em seu benefício; ter múltiplos líderes envolvidos no tratamento e na restauração espiritual dos abusadores minimiza a possibilidade de esses indivíduos enganarem algum dos líderes. Além disso, ter múltiplos facilitadores atua como uma medida de segurança ao reduzir a probabilidade de a igreja ser apanhada numa acusação de má conduta, de "palavra de uma pessoa contra a outra".

Se nossas igrejas vão optar por ter uma pessoa para realizar o aconselhamento e outra para rever as anotações, além de alternar colaboradores ou ter múltiplos ouvintes em cada sessão, fica a critério de cada uma delas. *No entanto, cada sessão de confronto e disciplina deve ser documentada para manter transparência e coesão.*

Ao trabalhar com abusadores e aconselhá-los, é necesário estarmos preparados para ouvir as justificativas que eles darão para o seu comportamento. A primeira, e talvez mais comum, desculpa para abusos físicos é a *mentira da minimização,* a qual funciona, mais ou menos, da seguinte forma: "Bem, isso só aconteceu uma vez", "Eu não estava no meu perfeito juízo", "Eu estava bebendo e apenas perdi o controle", "Nunca mais voltará a acontecer", "Foi só uma vez".

Os agressores tentarão frequentemente tornar a situação de violência física tão ínfima quanto possível, como se fosse um acontecimento isolado que estivesse além do controle deles de evitar. Eles utilizam essa tática para assegurar que a vítima permanecerá em silêncio e será complacente. As vítimas, por sua vez, reproduzirão frequentemente as mesmas falas de seus abusadores ou discursos semelhantes de amigos, conselheiros, pastores etc. para justificar a permanência delas na mesma casa onde seus agressores moram ou o retorno aos relacionamentos com eles.

A questão com a minimização é que realmente não importa quantas vezes a violência física tenha ocorrido; se aconteceu uma vez, pode acontecer novamente. Além disso, cada incidente, não importa quão isolado ou pouco frequente seja, tem o potencial de ser perigoso, prejudicial e, até mesmo, letal para as vítimas. Por isso, é importante termos em mente, de forma bem clara e lúcida, que a minimização da violência física não funciona como desculpa para situações de abuso, não as dispensas, tampouco as apagam.

De mãos dadas com a mentira da minimização está a *mentira do arrependimento excepcional*. Os agressores físicos usam quase que, universalmente, essa tática. *Os indivíduos que recorrem à violência física normalmente só pedem desculpa pela violência física*. A Roda de Poder e Controle mostra que a violência é utilizada como um reforço, uma pele visível que cobre uma miríade de outros comportamentos abusivos. Quando um agressor pede desculpa por esmurrar uma parede, bater em seu parceiro(a), entre outros, ele está, na verdade, utilizando uma abordagem para assegurar que a vítima permaneça sofrendo debaixo de sua autoridade, além de estar se valendo de uma estratégia argumentativa para não ter que realmente assumir a responsabilidade pela origem do seu comportamento. Mesmo que um abusador se arrependa genuinamente de ter agido de forma violenta, assumir a própria culpa pelo abuso físico e não pelo abuso comportamental contínuo e subjacente não gerará mudanças significativas no cenário.

Tanto a mentira da minimização como o arrependimento excepcional são ferramentas de manipulação. É importante termos clareza de que essas táticas nunca são uma desculpa válida, porque não há justificativas para o abuso. Sempre que um agressor utilizar uma dessas estratégias no aconselhamento, devemos tomar cuidado. É um sinal de que as situações de violência doméstica possivelmente continuarão e, eventualmente, se intensificarão.

ACONSELHAMENTO INDIVIDUAL DE UM AGRESSOR: PONTOS A FOCAR

- Reconhecer os comportamentos e nomear os abusos sem desculpas, minimização ou transferência de culpa.

   o Assumir responsabilidade por ações e palavras (utilizando declarações específicas de arrependimento).

   ■ Se não puderem nomear o abuso, reconhecer a gravidade de situações de violência domiciliar e discutir os danos por elas causados, não podem estar verdadeiramente arrependidos e não mudarão as próprias atitudes de forma sustentável.

   - Não deve ocorrer nenhuma reconciliação amorosa com a vítima.

   ■ Se disserem que se sentem mal com o comportamento/incidente abusivo, certificar-se de que não se sentem mal apenas por terem sido pegos ou pelas consequências negativas do seu abuso.

   - Nunca há uma desculpa válida para o abuso. O abuso é uma escolha.

Nota: Muitos abusadores foram, eles próprios, vítimas no passado. É possível ter empatia por essas experiências sem negligenciar as expectativas comportamentais de responsabilização.

- Discutir estratégias saudáveis para enfrentar o conflito e a raiva:

   o Atividade física;

○ Ligar para um mentor com a finalidade de prestação de contas;

○ Usar distrações;

○ Criar uma lista de gatilhos e evitá-los;

○ Gerir e tratar vícios;

○ Afastar-se da situação e relaxar.

• Ao elaborar um plano de responsabilização e discipulado, considerar:

○ Responder regularmente a perguntas sobre comportamentos específicos;

○ Assistir a sessões regulares de aconselhamento (tanto na igreja como com um terapeuta profissional/ grupo terapêutico);

○ Ações disciplinares claras que serão tomadas pela igreja se o indivíduo não seguir o plano de responsabilização acordado (de preferência num documento assinado por ambas as partes).

• Participar de um estudo bíblico sobre pecado persistente, gestão de raiva e pecado.

○ Um ponto de partida é *The Heart of Domestic Abuse: Gospel Solutions for Men Who Use Control and Violence in the Home* (O coração do agressor doméstico: Soluções do Evangelho para homens que usam o controle e a violência em casa), por Chris Moles (em inglês).

RESPOSTA MAIS AMPLA: ABORDANDO O ABUSO DENTRO DA IGREJA

Se alguém for confrontado com comportamentos abusivos, admiti-los, arrepender-se dessas atitudes e começar o processo de mudança por meio de um plano de responsabilização com a liderança da igreja, levanta-se a questão de quem na comunidade de fé deve saber sobre a(s) ofensa(s) e como se deve responder a elas. Por vezes, a natureza do abuso é suficientemente severa para exigir uma carta/anúncio aberto a todos os membros da igreja em prol da segurança de todos. Em outros casos, pode ser mais prudente notificar apenas aqueles que estão em relações diretas e contínuas com o ofensor e/ou a vítima.

Em qualquer das situações, os membros denunciados por violência doméstica podem sentir-se feridos, traídos, zangados e com medo. Essas emoções são razoáveis, mas podem facilmente ser expressadas de formas inadequadas ou prejudiciais para as pessoas envolvidas. Colossenses 3.13 diz "Suportem-se uns aos outros e perdoem as queixas que tiverem uns contra os outros. Perdoem como o Senhor lhes perdoou."

Deus chama-nos a amar as pessoas — todas elas — em todo tempo. *Mas podemos amar alguém sem dar desculpas e justificativas para seus comportamentos errados. Podemos perdoar alguém sem negar o impacto que as ações reprováveis dessa pessoa gera na vida de outros.*

Muitas vezes, as primeiras pessoas, além dos pastores ou líderes da igreja, a terem ciência sobre o comportamento abusivo de um dos membros são os integrantes de um pequeno grupo de discipulado ou de estudo bíblico. Normalmente, esse é um número relativamente limitado de indivíduos que se encontram regularmente, estudam as Escrituras e se dedicam à comunhão. Se os participantes do grupo ainda não estiverem conscientes do comportamento abusivo, pode tornar-se necessário alertá-los para a segurança dos outros membros do grupo, além de também poder ter a necessidade de eles fazerem parte da rede de apoio tanto para a vítima, como para o agressor no seu caminho para a cura.

Caso se torne essencial alertar o pequeno grupo sobre a situação, será possível marcar uma reunião com o líder do grupo e deixá-lo a par da posição da igreja e das ações que estão sendo tomadas pelo pastor e pelos líderes para abordar a situação de violência domiciliar e solucioná-la. Isso pode incluir a discussão do atual plano de disciplina e responsabilização, além de quaisquer precauções de segurança que o grupo deva tomar caso o abusador continue a frequentá-lo.

Em última análise, a prioridade máxima deve ser a segurança garantida em amor. Se o líder do pequeno grupo sentir-se desconfortável por ter alguém com um histórico de comportamentos abusivos no grupo, poderá ser melhor solicitar ao indivíduo que saia e seja ligado a um outro pequeno grupo que esteja mais bem equipado para recebê-lo e trabalhe a segurança de forma efetiva. Por exemplo, cristãos que se reúnam em casas que têm crianças pequenas por perto podem não se sentirem seguros por ter alguém que tenha sido acusado de abuso infantil participando das reuniões. Um local mais adequado para receber esses agressores pode ser um pequeno grupo, composto apenas por homens, que se reúna em cafetarias ou outros locais públicos.

Da mesma forma, se a vítima e o agressor frequentarem o mesmo pequeno grupo, o agressor terá de ser removido e colocado junto a outro ajuntamento (assumindo que a gravidade do abuso não se encontre em um patamar em que o indivíduo tenha sido removido por completo da igreja). É essencial que a vítima tenha um lugar seguro, um sistema de apoio dentro do corpo eclesiástico totalmente separado do agressor e que seja uma prioridade para fazer parte do pequeno grupo.

Dito isso, a segurança não deve vir às custas da civilidade e do amor em Cristo. Tudo deve ser levado a cabo com firmeza, de uma forma que esteja acima de qualquer censura. Como líderes, a forma como se lida com alguém que vive em pecado persistente dá o tom para a forma como o resto da igreja irá lidar com ele. Considerar o seguinte é imprescindível:

- Reconhecer que ainda se ama o agressor;
- Reconhecer que as palavras e comportamentos do agressor para com o seu cônjuge não são aceitáveis;
- Oferecer-se para ajudá-lo a mudar, mas não permitir comportamentos ou desculpas abusivas ou manipuladoras;
- Fazer com que ele saiba que você não irá pressionar o seu cônjuge a suportar abusos ou a voltar atrás;
- Certificar-se de que o pequeno grupo está a par de quaisquer documentos disciplinares em vigor.

PONTOS DE AÇÃO:

- Ter uma política formal de disciplina da igreja em vigor e um comitê de supervisão para levá-la adiante (presbítero, diácono ou conselheiros da igreja);
- Ter um modelo para um plano de responsabilização que possa ser customizado;

- Encaminhar sempre um membro abusivo da igreja para aconselhamento com um programa profissional ou um conselheiro especializado em VPPI;

- Ao aconselhar um membro abusivo, trabalhar sempre em pares e manter registros detalhados das sessões para evitar situações de alto risco, manipulação ou falsas acusações contra a igreja;

- Antes de iniciar o aconselhamento, certificar-se de que o indivíduo conhece os limites da confidencialidade;

- Seguir os guias práticos de confronto e aconselhamento com agressores expostos neste capítulo;

- Preparar os membros de pequenos grupos e/ou o corpo maior da igreja para responder com amor e responsabilidade ao processo de cura dos abusadores e, sobretudo, das vítimas.

ANOTAÇÕES

Capítulo 8

PERDÃO, RECONCILIAÇÃO, SEPARAÇÃO E DIVÓRCIO

O AGRESSOR SE DESCULPOU. ISSO É SUFICIENTE?

Vários anos atrás, uma mulher e seus filhos escaparam de uma casa terrivelmente abusiva e encontraram refúgio em nossa igreja. Após fugir de seu esposo, uma das primeiras coisas que ela decidiu fazer foi procurar proteção legal — civil e criminal — para si mesma e para as crianças, o que fez com que o juiz responsável pelo caso aplicasse uma medida protetiva de urgência e abrisse uma investigação para averiguar o abuso sexual que os menores de idade sofreram por parte de seu pai. No mesmo instante em que essa mulher havia chegado em nosso templo, o telefone tocou na nossa igreja com um pedido incomum.

Outro pastor local havia ligado para conversar com a nossa igreja sobre o marido daquela mulher, alegando que o homem havia começado a frequentar os seus cultos e veio a conhecer a Cristo. Ele sabia que o marido tinha uma investigação aberta a respeito de VPPI e abuso sexual infantil e decidiu perguntar acerca desse assunto em uma conversa particular que teve com o agressor. O homem acusado admitiu que havia abusado fisicamente de sua esposa, mas alegou que nunca havia tocado em seus filhos.

Ele disse que sentia muito. Ele disse que queria que eles voltassem para casa.

O pastor se sentiu obrigado a ligar para a nossa congregação e dizer que Deus gostaria que esse homem e sua esposa se reconciliassem e retomassem a relação, afirmando que o casamento dos dois deveria ser preservado em razão de o homem estar arrependido das atitudes que teve.

Essa história representa um conflito desconfortável no ministério da igreja. Como cristãos, nós acreditamos que nenhuma pessoa está longe demais de Deus a ponto de não poder ser transformada e que até mesmo os piores pecadores podem ser redimidos. Deus é mais do que capaz de restaurar milagrosamente o coração de alguém que vive em trevas. Assim como Paulo na estrada para Damasco ou Zaqueu chamado para descer da árvore, alguns encontraram o Deus vivo e, em apenas um instante, são transformados e restaurados para sempre. Entretanto, nós também vivemos em um mundo caído no qual o Reino de Deus ainda não está plenamente estabelecido e no qual o livre-arbítrio dos pecadores ainda está em vigor.

Então como podemos conciliar o conhecimento do poder transformador de Cristo com a certeza de que a humanidade ainda está quebrada, suja pelo pecado e propensa a desviar-se dos caminhos de Deus? Como podemos priorizar a segurança das vítimas e ainda acreditar que Deus pode mudar o coração dos transgressores?

Esse é o paradoxo do "já e ainda não". O Reino de Deus está aqui e ainda está constantemente crescendo até que seja completamente estabelecido na segunda vinda de Cristo. Enquanto nós vivermos entre essas duas realidades, seremos responsáveis por orar pela transformação milagrosa do espírito em cada um de nós e tomar cuidado com as fragilidades da carne para que não nos desviemos do caminho da salvação. *Pender para qualquer um dos extremos seria limitar o poder de Deus ou arriscar uma licenciosidade ao pecado.*

Tendo conhecimento disso, vários aspectos a respeito da história contada acima não foram apenas negligentes e ingênuas por parte do pastor da outra igreja, mas também perigosas. Ele acreditou cegamente que o coração do ofensor havia sido transformado sem considerar as precauções seguras para a vítima ou as consequências para as ações do abusador.

Primeiro, o pastor rejeitou sinais óbvios de abuso severo, como a medida protetiva, a investigação policial ativa e a confissão pessoal do agressor. Em segundo plano, ele falhou em honrar as autoridades civis e judiciais, que já estavam envolvidas para o bem da segurança da família, ao tentar persuadir a vítima a retirar a medida protetiva e as acusações criminais feitas contra o transgressor, a fim de que ele pudesse retornar para casa. Em terceiro lugar, esse pastor confundiu a desculpa do ofensor como se fosse arrependimento genuíno e, em caso de o abusador estar dizendo a verdade, como se apenas as palavras dele fossem sinal de que deveria haver uma reconciliação. *Na realidade, existe uma grande diferença entre desculpar-se e estar arrependido, e há muitos passos entre arrependimento e reconciliação.*

No final, o pastor da nossa igreja disse com veemência, mas de maneira gentil, que a ligação poderia ser considerada como uma forma de o agressor comunicar-se com a vítima por meio de terceiros (uma violação legal da medida protetiva em vigor) e que, caso houvesse uma outra ligação, isso seria relatado à polícia. Pouco tempo depois, um investigador forense registrou um depoimento de abuso sexual por uma das crianças, cuja descoberta foi corroborada por vários terapeutas. O marido abusador continuou enviando amigos à casa de sua esposa para assediá-la, recusou-se a pagar a pensão alimentícia de seus filhos e, eventualmente, devido às atitudes reprováveis que apresentara, o homem perdeu a guarda dos próprios filhos.

Em outras palavras, havia amplas evidências do abuso e nenhuma evidência de arrependimento verdadeiro ou aceitação das consequências.

PERDÃO, ARREPENDIMENTO E RECONCILIAÇÃO: NÃO MUTUAMENTE INCLUSIVOS

Assim como Satanás usou passagens bíblicas de maneira mal aplicada para tentar Jesus no deserto (Mateus 4.1-11), manipuladores podem distorcer o significado de trechos da Bíblia para justificar seus próprios fins (alô, *paltering*!). Algumas passagens das Escrituras, como a de Lucas que leremos a seguir, são constantemente citadas erroneamente em defesa da reconciliação de casais com histórico de VPPI.

"Acautelai-vos. Se teu irmão pecar contra ti, repreende-o; se ele se arrepender, perdoa-lhe. Se, por sete vezes no dia, pecar contra ti e, sete vezes, vier ter contigo, dizendo: Estou arrependido, perdoa-lhe." (Lucas 17.3-4)

Ao interpretar o significado dessa passagem, há duas palavras que devem ser entendidas corretamente: *arrependimento* e *perdão*.

O significado bíblico de arrependimento é voltar-se a Deus de todo o coração e abandonar as más intenções e ações pecaminosas. Nesse contexto, o arrependimento vai muito além de contrição ou tristeza; é uma mudança completa de motivações e ações, uma submissão da própria vontade à soberania de Deus. Em outras palavras, remorso e arrependimento *não são sinônimos*. Da mesma forma, entender que uma ação foi errada e dizer isso não é o mesmo que abandonar essa prática. Desculpas e arrependimento *não são sinônimos* (embora um pedido de desculpas geralmente seja o primeiro passo no processo do arrependimento).

O arrependimento deve resultar em mudanças concretas. Isso não quer dizer que ele resulta em uma pessoa perfeita, mas que deve causar uma mudança contínua, mensurável e positiva no comportamento do indivíduo.

A Bíblia claramente ordena que os cristãos devem perdoar os outros como Cristo os perdoou (Colossenses 3.13; Mateus 6.14,15; Efésios 4.32). *Esse tipo de perdão bíblico é sobre perdoarmos ou cancelar as dívidas que os demais têm conosco e abandonarmos o desejo de retaliação e vingança. É um realinhamento interno do coração em relação ao outro.* O perdão não significa esquecer os erros que foram cometidos no passado, permitindo que comportamentos nocivos continuem, ou que não haverá consequências para as ações erradas.

O arrependimento (decisão que depende do ofensor) e o perdão (decisão que depende da vítima) são premissas da reconciliação, mas não a *garantia* de que a restauração completa do relacionamento entre ofensor e ofendido acontecerá. Eles *não* significam que a vítima deve esquecer que o abusador causou danos a ela; *não* significam que a vítima deve retornar para situações perigosas; *não* implicam que medidas protetivas devem ser descartadas ou que a reconciliação deve ocorrer; e *não* implicam que a justiça e as consequências de atitudes abusivas serão descartadas.

Na verdade, embora Deus seja misericordioso, ele também se preocupa profundamente com a justiça (Lucas 18.7,8; Romanos 12.19; Isaías 61.8; Isaías 1.17; Deuteronômio 16.20). Esses atributos de Deus são completos e inseparáveis — ele não é, às vezes, um Salvador misericordioso e, em outros momentos, um Juiz justo. Deus abrange totalmente *ambos* os aspectos em todos os momentos. Através de Jesus, a ira eterna de Deus é satisfeita, de forma que somos perdoados e poupados do custo final dos nossos pecados: a morte. No entanto, ele nem sempre nos poupa das consequências terrenas das nossas ações pecaminosas.

Às vezes, essas consequências ocorrem no âmbito da justiça (através de condenação em processos na esfera civil ou criminal) e, outrora, Deus permite consequências aos seus filhos como punições para que eles aprendam como devem agir, como em Provérbios 3.11,12: "Meu filho, não despreze a disciplina do Senhor nem se magoe com a sua repreensão, pois o Senhor disciplina a quem ama, assim como o pai faz ao filho de quem deseja o bem." Erradicar completamente as consequências dos erros na vida de alguém é permitir que essa pessoa continue pecando.

Como seguidores de Cristo, somos chamados a sermos misericordiosos e justos, como Deus é. Miquéias 6.8 diz: "Ele mostrou a você, ó homem, o que é bom e o que o Senhor exige: Pratique a justiça, ame a fidelidade e ande humildemente com o seu Deus." Manter a misericórdia e a justiça juntas nem sempre é fácil, mas é essencial valorizar *igualmente* cada uma delas. Uma igreja que pende para qualquer um dos extremos — apenas "amor" e nenhuma responsabilidade *ou* apenas "julgamento" e nenhuma misericórdia — está propensa a sérios problemas no relacionamento dos membros e a distorções dos princípios bíblicos na comunhão entre eles.

Semelhantemente ao paradoxo do "já e ainda não" em relação ao Reino de Deus, os crentes são redimidos e renovados após serem salvos, mas ainda são capazes de escolher o pecado. Logo, nossas igrejas devem se afastar da mentalidade ingênua de que o perdão significa falta de responsabilidade ou de consequências sobre os transgressores. *É possível perdoar alguém e, ainda assim, responsabilizá-lo pelo seu comportamento.*

Em uma situação em que arrependimento, perdão e responsabilidade são etapas que já foram cumpridas, há duas opções para seguir em frente: buscar a reconciliação conjugal ou permitir a separação/o divórcio. *É importante ressaltar que a opinião da vítima deve ser o principal fator nessa decisão.* Se ela não estiver pronta para reconciliar-se com seu parceiro, estiver com muito medo de buscar a restauração desse relacionamento ou tiver sido muito prejudicada pelos danos que foram causados pelo abuso a ponto de esses aspectos tornarem a reconciliação desaconselhável, a separação e o divórcio devem ser considerados. *A reconciliação nunca deve ser buscada até que a vítima esteja pronta e disposta para isso.*

Em caso de ela poder ser considerada, isso deverá sempre ser feito lentamente, debaixo de muita oração. Em Gênesis, do capítulo 42 ao 44, José testa rigorosamente seus irmãos – os quais anteriormente o haviam vendido à escravidão – oferecendo-lhes a chance de se livrarem de seu irmão mais novo, Benjamim, o mais amado entre os filhos de seu pai. Porém, ao invés de aproveitarem essa oportunidade como fizeram anos antes com José, eles ofereceram as suas próprias vidas no lugar do irmão mais jovem. Foi apenas depois dessa demonstração de *mudança de comportamento* que José revelou a seus irmãos quem ele era e se reconciliou com eles.

Ao facilitar a reconciliação de um casal com um padrão prévio de VPPI, limites são uma forma de testar o arrependimento autêntico do agressor (*mudança contínua, mensurável e positiva no comportamento*). Quando uma criança viola a confiança de seus pais, geralmente há a perda de certos privilégios até que ela possa se provar confiável novamente com o tempo. Da mesma forma, se um dos cônjuges viola a confiança do outro, deve haver limites estabelecidos até que se desenvolva um novo histórico de escolhas saudáveis.

Por isso, é importante sempre termos em mente que todas as situações são diferentes e os limites para cada casal que está buscando a reconciliação também serão diferentes. Se houve abuso físico ou ameaças, o limite pode ser uma medida protetiva judicial que limita o contato físico ou verbal do abusador em relação à vítima. O cônjuge abusivo pode precisar fazer visitas supervisionadas a seus filhos ou pode ser impedido de realizá-las inicialmente. Talvez, o agressor precise participar de um programa de tratamento ou de aconselhamento de longo prazo antes que a vítima se sinta segura para voltar para casa.

Quaisquer que sejam os limites, um agressor que está verdadeiramente arrependido deve mostrar paciência e disposição para respeitar os limites de seu cônjuge e as consequências de seu comportamento. Por sua vez, a vítima deve ter permissão para ver a mudança concreta antes de retornar a um parceiro anteriormente abusivo.

A reconciliação não é rápida nem fácil, e a igreja não deveria esperar que fosse. Além do aconselhamento individual, das consequências e das responsabilidades para o parceiro abusivo, a igreja deve encorajar a vítima a dedicar um tempo para se curar e processar seu sofrimento sem empurrá-la de volta ao casamento.

Com tudo isso em mente, nós podemos guiar, aconselhar e direcionar casais com histórico de violência doméstica que desejem se reconciliar, mas não podemos escolher a jornada exata pela qual essas pessoas irão passar. A questão é que a reconciliação nunca deve ser iniciada de forma leviana ou buscada sem o arrependimento do agressor, nem sem o perdão e a disposição da vítima, muito menos sem que haja um plano de responsabilização sólido para o agressor e a imposição de alguns limites sobre ele. Mesmo com tudo isso em vigor, a reconciliação nunca deve ser apressada, além de também ser imprescindível termos em mente que ela talvez nunca ocorra.

Embora a separação e o divórcio não façam parte do plano original de Deus, relacionamentos quebrados fazem parte da vida em um mundo quebrado. Não é vergonhoso admitir que existem ruínas e rupturas dentro do sistema familiar. Às vezes, essas ruínas e rupturas são muito significativas e profundas para que as pessoas possam voltar atrás e reconciliarem-se entre si. Nesses casos, a separação deve ser considerada uma consequência natural do comportamento abusivo.

QUANDO A RECONCILIAÇÃO NÃO FUNCIONA, O ABUSO É MOTIVO PARA SEPARAÇÃO E DIVÓRCIO BÍBLICO?

"Da mesma forma, os maridos devem amar as suas mulheres como a seus próprios corpos. Quem ama sua mulher, ama a si mesmo. Além do mais, ninguém jamais odiou o seu próprio corpo, antes o alimenta e dele cuida, como também Cristo faz com a igreja, pois somos membros do seu corpo. 'Por essa razão, o homem deixará pai e mãe e se unirá à sua mulher, e os dois se tornarão uma só carne'". (Efésios 5.28-31)

Mesmo com respostas adequadas a relacionamentos abusivos, há uma boa chance de que a reconciliação não ocorra. Nessas situações, é essencial entender o que as Escrituras dizem sobre as alternativas disponíveis para a vítima. Na introdução deste livro, eu escrevi acerca de uma mulher que foi espancada até quase morrer e posteriormente voltou para o marido porque acreditava que Deus exigia isso dela.

O seu pastor deixou implícito que a sua segurança era menos importante para Deus do que seu casamento.

A realidade é que as Escrituras podem ser usadas de forma inadequada e não intencional como ferramentas de cativeiro. Portanto, é nossa responsabilidade começar a transformar essas narrativas, que deturpam verdades bíblicas e fazem de muitas pessoas reféns, para honra e glória do Senhor. *Deus nunca é a favor do abuso. Deus nunca é a favor da opressão. Deus é a favor de seus filhos.*

A Bíblia não aborda especificamente o abuso doméstico, mas, como acontece com muitas coisas na vida que não são diretamente abordadas pelas Escrituras, é nosso trabalho interpretar o coração de Deus com a ajuda do Espírito Santo.

As Escrituras são claras sobre o significado e a santidade do casamento como uma aliança vitalícia entre duas pessoas diante de Deus. Por isso, a igreja cristã tem uma visão incrivelmente elevada acerca do casamento, e com razão! Mateus 19.6 diz o seguinte sobre o marido e a esposa: "Assim, eles já não são dois, mas sim uma só carne. Portanto, o que Deus uniu, ninguém o separe." O casamento está perto do coração de Deus e é usado em toda a Escritura como a ilustração principal, embora imperfeita, da aliança indestrutível entre Cristo e a Igreja (Efésios 5.32).

Nós fomos feitos à imagem de Deus e o casamento foi feito para refletir o amor e o compromisso incondicionais de Cristo com o Seu povo. Nesse sentido, o matrimônio foi projetado para evidenciar a extensão da vontade de Deus em providenciar a segurança, a salvação e a restauração da sua noiva. Embora a intenção original do Senhor para o casamento não incluísse divórcio e separação (Mateus 19.7-9), em um mundo caído e cheio de pecado, Deus permite essa dissolução legal como uma medida protetora para o seu povo resistir à opressão que nós causamos uns aos outros.

A Bíblia permite explicitamente o divórcio em duas ocasiões: imoralidade sexual/adultério (Mateus 19.9) e em caso de um dos cônjuges abandonar o casamento devido à própria incredulidade (1Coríntios 7).

Na primeira ocasião, a palavra que Jesus usa para adultério é *porneia*, a qual é traduzida como "imoralidade sexual".[38] Presumivelmente, essa permissão para a separação é uma forma de Jesus proteger seu povo de uma união em que há pecado sexual persistente e sem arrependimento. *Porneia* é, em sua essência, uma violação da "união de uma só carne" ou uma traição à intenção que Deus estabeleceu para o casamento como um relacionamento pactual.

Na segunda ocasião, Paulo permite o divórcio em casos de abandono, de modo que a palavra grega usada *chorizo* significa: "separar-se de, dividir, ir embora, despedaçar".[39] Embora os abusadores geralmente não se afastem fisicamente de seus casamentos, o uso do abuso para controlar e manipular seu cônjuge causa divisão e separação. Em casos de abuso físico severo, o agressor, na verdade, força a separação ao criar um ambiente insuportável. Barbara Roberts escreveu em um artigo de 2016:

> *"Ao aplicar 1Coríntios 7.15, a pergunta-chave não é 'quem se apartou?' mas 'quem causou a separação?'... Se traduzirmos a palavra chorizo como 'separar', vemos isto mais claramente: se o incrédulo se separa, que se separe. O incrédulo é quem está fazendo a separação; o crente é*

---

[38] PORNEIA. *In*: The NAS New Testament Greek Lexicon. *Bible Study Tools*. Disponível em: https://www.biblestudytools.com/lexicons/greek/nas/porneia.html.

[39] CHORIZO. *In*: The NAS New Testament Greek Lexicon. *Bible Study Tools*. Disponível em: https://www.biblestudytools.com/lexicons/greek/nas/chorizo.html.

*ordenado a permitir que isso seja feito. Isso diz
ao cônjuge crente que permita o fim do casamento,
pois o incrédulo destruiu a aliança."*[40]

Embora eu possivelmente hesitasse em tirar quaisquer
conclusões concretas sobre o *status* de salvação de um cônjuge
abusivo que afirma conhecer a Cristo, as Escrituras falam
claramente sobre os perigos de se associar com um suposto
cristão que persiste em um comportamento pecaminoso.
Paulo escreve em 1Coríntios 5.9-13:

> *Já lhes disse por carta que vocês não devem associar-se com pessoas imorais. Com isso não me refiro aos imorais deste mundo, nem aos avarentos, aos ladrões ou aos idólatras. Se assim fosse, vocês precisariam sair deste mundo. Mas agora estou lhes escrevendo que não devem associar-se com qualquer que, dizendo-se irmão, seja imoral, avarento, idólatra, caluniador, alcoólatra ou ladrão. Com tais pessoas vocês nem devem comer. Pois, como haveria eu de julgar os de fora da igreja? Não devem vocês julgar os que estão dentro? Deus julgará os de fora. "Expulsem esse perverso do meio de vocês".*

---

[40] ROBERTS, B. The Bible Does Allow Divorce for Domestic Abuse. *Restored.* 2016. Disponível em: https://www.restored-uk.org/blog/the-bible-does-allow-divorce-for-domestic-abuse/.

Se a igreja deve expulsar os não arrependidos de sua membresia, por que esperamos que crentes permaneçam unidos em um casamento a alguém que está persistentemente exibindo os comportamentos pecaminosos que o Senhor odeia: "olhos altivos, língua mentirosa, mãos que derramam sangue inocente, coração que traça planos perversos, pés que se apressam para fazer o mal, a testemunha falsa que espalha mentiras e aquele que provoca discórdia entre irmãos" (Provérbios 6.17-19)?

Tiago 2.14,19,26 diz: "De que adianta, meus irmãos, alguém dizer que tem fé, se não tem obras? Acaso a fé pode salvá-lo? [...] Você crê que existe um só Deus? Muito bem! Até mesmo os demônios crêem — e tremem! [...] Assim como o corpo sem espírito está morto, também a fé sem obras está morta."

Não deveria o cônjuge inocente ser livre, então, para buscar o reconhecimento legal da aliança quebrada por meio do *chorizo* em 1Coríntios 7.15? Eu acredito que a resposta para essa pergunta é um retumbante sim.

Certamente nós podemos concluir que Deus odeia o divórcio, mas odeia ainda mais o abuso e a opressão de seus preciosos filhos (Salmo 11.5). No entanto, de alguma forma, a igreja caiu na crença de que o divórcio é um pecado maior.

Rebecca VanDoodewaard escreveu em 2017,

> *Por mais que Deus tenha criado o casamento, ame o casamento e diga que o matrimônio é a imagem do relacionamento de Cristo com a igreja, Jesus não morreu para salvar o casamento. Ele morreu para salvar pessoas. Ele sacrificou sua vida para*

proteger seus filhos e filhas e odeia quando eles são abusados, violentados e humilhados, especialmente relacionamentos que supostamente retratam Cristo e a igreja.[41]

O divórcio não deve ser considerado levianamente e pode não ser a primeira opção ou mesmo a decisão certa em algumas situações — mas eu creio que deva ser considerado como uma opção viável em casos de abuso. As vítimas precisam saber que a igreja é um lugar seguro que não as jogará de volta na cova dos leões para serem devoradas em nome de um falso evangelho que ensina a preservação do casamento acima da preservação das pessoas.

Quer nós concordemos ou não que situações de abuso doméstico possuem base bíblica para o divórcio, nossas igrejas ainda devem apoiar as vítimas na busca pela opção mais segura para elas e seus filhos. De igual forma, mesmo que nós acreditemos que apenas a morte pode desfazer/dissolver a união metafísica entre marido e mulher, o divórcio legal é, às vezes, a única ferramenta possível para proporcionar segurança a essas pessoas.

PONTOS DE AÇÃO:

• Um crente verdadeiramente arrependido ficará mais preocupado com suas ações abusivas do que com vergonha de seu comportamento vir a ser exposto;

---

[41] VANDOODEWAARD, R. A High View of Marriage Includes Divorce. *Gentle Reformation.* 2017. Disponível em: https://gentlereformation. com/2017/07/20/a-high-view-of-marriage-includes-divorce/.

- A reconciliação não é rápida nem fácil. Além do aconselhamento individual e da responsabilidade pela mudança do cônjuge abusivo, a igreja precisa dar tempo à vítima para curar e processar seu sofrimento sem empurrá-la de volta ao casamento;

- O abuso não é um problema de relacionamento; é um problema de pecado;

- Deus tem uma visão elevada do casamento, mas uma visão ainda mais elevada de seus filhos;

- O divórcio é explicitamente permitido nas Escrituras nas seguintes circunstâncias:

  o Como meio de proteção contra o pecado sexual persistente que viola o relacionamento pactual;

  o Contra o abandono por um incrédulo.

- A igreja deve apoiar a opção mais segura para as vítimas e suas famílias. Em alguns casos, pode ser a separação ou o divórcio.

ANOTAÇÕES

Capítulo 9

MUDANDO SUAS EXPECTATIVAS

LIVRE-SE DA MENTALIDADE DE PODER CONSERTAR TUDO

Certa vez, meu irmão acidentalmente enfiou a ponta afiada de um martelo na própria canela enquanto ajudava meu pai em um projeto de construção. Ele tinha 13 anos na época. O corte era profundo o suficiente para fazer o sangue escorrer por sua perna como um rio a jorrar. Meu pai fez com que ele se sentasse e limpou cuidadosamente o ferimento antes de colocar um ponto falso sobre o corte. Demorou meses para sarar e, mesmo depois de adulto, meu irmão ainda tem uma cicatriz bem aparente em decorrência dessa situação.

Nem meu pai, o mestre em consertar as coisas, conseguiu fazer com que a canela do meu irmão se curasse por completo. Quando ele se machucou, tudo o que meu pai pôde fazer por ele foi lavar a ferida e fazer um curativo delicado sobre ela para que começasse a cicatrizar. Não havia como fechar imediatamente o corte, reverter o tempo para que o machucado não acontecesse ou fazer com que a canela do meu irmão voltasse a ser como era antes. A única maneira de curar a ferida era com *tempo, paciência* e *cuidado intencional.*

Da mesma forma, quando alguém é ferido por abuso, não há solução rápida ou cura instantânea para as feridas geradas pela violência. As sequelas no coração e na mente são ainda mais profundas do que as da carne e demoram ainda mais para fechar. Não há uma quantidade de tempo definida para a cura e, não importa o que aconteça, sempre haverá cicatrizes emocionais que farão com que nada seja exatamente como era antes de os abusos acontecerem. Pode haver um casamento desfeito, uma terrível disputa pela guarda dos filhos, Transtorno de Estresse Pós-Traumático, problemas de confiança ou dificuldades financeiras. As situações de vppi são complicadas, nem elas nem suas consequências são fáceis.

Há algum tempo, uma mulher com quem eu estava trabalhando disse: *"No início, as pessoas me viam como uma vítima, mas, conforme o tempo passou, começaram a me ver como um problema".*

Quando seu marido foi inicialmente preso por abusar dela, todos em sua vida a apoiaram. O chefe dela chegou, inclusive, a dar uma folga a ela para definir como ficaria o cuidado dos filhos. Contudo, cerca de seis meses ou um ano mais tarde, ela estava à beira de ser demitida por faltar ao trabalho por fazer malabarismos com os próprios horários para participar das audiências judiciais, além de também ter enfrentado problemas de saúde mental e os deveres de uma mãe solteira. Ela sentia que seu chefe, seus amigos e sua família não tinham mais paciência para as consequências de seu casamento abusivo.

Os efeitos do abuso são de longo prazo. O apoio também precisa ser.

A igreja deve passar por mudanças profundas e sistêmicas em suas expectativas com relação às vítimas e aos sobreviventes de abuso. Devemos parar de olhar para as vítimas de abuso como algo a ser consertado e passar a enxergá-las como pessoas que precisam de amor e cuidado.

Nossa compaixão, nosso apoio e nossa preocupação não devem diminuir com o passar do tempo. Em vez disso, a igreja deve ser um lugar paciente o suficiente para permitir que a cura e a mudança ocorram. **A vítima pode voltar para seu agressor uma vez, duas vezes ou dez vezes — mas a igreja deve estar na porta esperando, de braços abertos, todas as vezes em que essas pessoas precisarem de apoio.**

Como meu pai há tantos anos, nós não podemos consertar a vida ou a ferida de outras pessoas, e não é nosso trabalho tentar fazer isso. No entanto, podemos amá-las, ajudar gentilmente a limpar as feridas e promover um contexto em que a cura ocorra naturalmente.

"*Só ele [o* SENHOR*] cura os de coração quebrantado e cuida das suas feridas.*" (Salmo 147.3)

Essa é a bela e difícil vocação da igreja: amar pessoas quebradas e conectá-las ao único verdadeiro médico.

ESPERE PELO INESPERADO

Se há uma coisa que aprendi com a defesa de vítimas foi a esperar pelo inesperado. Como humanos, temos uma capacidade incrível de fazer o bem e o mal. Ao longo de nossos ministérios, sem dúvida, encontraremos situações que se enquadram em ambos os lados do espectro. **Espere por isso.** Devemos sempre estar preparados para nos surpreendermos com a dignidade e a depravação das pessoas.

Tempos de paz são o momento perfeito para preparar nossas igrejas para os piores cenários. Ao considerar e nos prepararmos para essas possibilidades, estaremos garantindo que não seremos pegos de surpresa no futuro. Mateus 10.16 diz: "Eu os estou enviando como ovelhas no meio de lobos. Portanto, sejam astutos como as serpentes e sem malícia como as pombas".

Jesus sabia que estava nos enviando a um mundo onde há predadores procurando devorar-nos ativamente. Ele nos instrui não apenas a sermos inocentes e irrepreensíveis, mas também a sermos "astutos como as serpentes". As serpentes são criaturas inteligentes e astutas, habilidosas em técnicas que as protegem do perigo. Da mesma forma, somos chamados a estar atentos e preparados para os ataques daqueles que desejam ferir o rebanho de Deus.

Da maneira semelhante, o apóstolo Paulo escreveu em Atos 20.28: "Cuidem de vocês mesmos e de todo o rebanho sobre o qual o Espírito Santo os designou como bispos, para pastorearem a igreja de Deus, que ele comprou com seu próprio sangue." Os pastores eram responsáveis por vigiar, de dia e de noite, as ovelhas que estavam sob seus cuidados. Tratava-se de vigilância intencional, segurança ativa.

Os pastores não diziam: "Ah, bem, deixe-me descansar enquanto tudo está calmo e, se um lobo vier, então me preocuparei." Não. *Os pastores entendiam que é melhor agir com calma do que reagir cegamente.*

No início deste livro, contei a história de um pastor que encorajou uma mulher a voltar para seu marido abusivo porque este conheceu a Cristo e "se arrependeu" de seu comportamento. O pastor, apesar de ter boas intenções, perpetuou o dano ao encorajar a vítima a retornar para um cônjuge extremamente abusivo sem histórico de mudança (sem mencionar a violação da medida protetiva, que proibia o contato por meio de terceiros). Sinceramente, não acredito que esse pastor tenha sido mal-intencionado. Eu acredito que ele foi ingênuo na maneira como conduziu a situação, e essa ingenuidade poderia ter resultado em um desastre!

Um pastor que intencionalmente deixa o seu rebanho desprotegido para ir fazer outra coisa e um pastor que adormece de cansaço têm o mesmo resultado: um rebanho vulnerável a ataques. Por isso, é essencial nos lembrarmos de que a negligência e as más intenções podem ter o mesmo resultado.

À medida que nossas igrejas recebem pessoas feridas por situações de abuso, é de se esperar que haja aumentos nos ataques espirituais e físicos. Embora seja impossível nos prepararmos para todas as possibilidades, é importante sermos vigilantes e sábios. *Às vezes, as pessoas que menos esperamos são abusadores; às vezes, as vítimas irão manipular nossas igrejas para obterem recursos; às vezes, as pessoas abusam da graça para vantagem pessoal.* Devemos sempre esperar pelo inesperado e nos prepararmos para possíveis eventualidades.

PONTOS DE AÇÃO:

- A cura e a mudança levam tempo. Logo, ter paciência e graça ao trabalhar com vítimas de VPPI é essencial;

- É essencial nós nos lembrarmos de que curar alguém nunca é o seu trabalho. Devemos parar de tentar fazer isso;

- Devemos ter em mente que devemos nos preparar para cada situação para que possamos agir em vez de reagir;

- É importante que nós nos lembremos de que a negligência e a má intenção podem ter o mesmo resultado.

ANOTAÇÕES

APÊNDICE

PERGUNTAS

Quais são os sinais de alerta de uma situação tensa com o seu parceiro (humores, comportamentos, contextos, discussões, substâncias químicas)?

_____

_____

_____

_____

Para quem você pode ligar em caso de emergência ou durante uma situação tensa (pode ser uma pessoa ou uma instituição)?

_____

_____

_____

_____

Para quem você vai ensinar seus filhos a ligarem em caso de emergência?

☐ 190

☐ _____

☐ _____

☐ _____

☐ _____

Quem você pode chamar quando estiver preocupado(a) com sua segurança ou quem poderá ligar para a polícia se ouvir ou notar coisas como barulhos na sua casa, parceiro chegando de carro, um sinal combinado via mensagem ou numa ligação, entre outros?

_____

_____

_____

_____

Que senha ou sinal você vai usar para que seus amigos, família ou filhos saibam que você precisa de ajuda caso ligue para eles ou lhes envie uma mensagem durante uma briga?

_____

_____

Se você tiver que escapar de casa, que rotas você pode usar (portas, janelas, elevadores, escadas etc.)?

_____

_____

Se você precisar sair de casa urgentemente, onde você poderá ficar por um tempo (abrigo, hotel, casa de membro da família, casa de um amigo etc.)?

_____

_____

Se você suspeitar que uma situação está prestes a piorar, qual cômodo da casa é o mais seguro para você ir? (Evite cômodos com superfícies duras ou objetos que podem ser usados como arma, como no caso de uma cozinha ou de um banheiro. Vá para cômodos com fechaduras e rotas de fuga, como um quarto.)

_____

_____

_____

_____

LISTA DE CONFERÊNCIA DE ITENS PARA MALA DE EMERGÊNCIA

Guarde uma mala de emergência escondida na casa de um amigo ou de um parente com os seguintes itens pessoais:

☐ Carregador, celular ou similar;
☐ Dinheiro, informações bancárias, cartões de crédito ou débito;
☐ Chaves reserva;
☐ Óculos ou lentes de contato;
☐ Documento de identidade.
☐ Roupas limpas;
☐ Remédios (preferencialmente, com doses suficientes para um mês).

Documentos de identificação (se não for possível pegar os originais, providencie cópias ou números mais importantes):

☐ Certidão de nascimento;
☐ RG;
☐ CPF;
☐ Certidão de nascimento e RG/CPF das crianças (cópias ou originais);
☐ Passaporte;
☐ CNH.

Documentos jurídicos e pessoais importantes (se não for possível pegar os originais, providencie cópias ou números mais importantes):

☐ Documentos de imigração;

☐ Escritura de imóvel/contrato de aluguel;

☐ Certidão de casamento ou de divórcio;

☐ Carteira de trabalho;

☐ Decisões judiciais importantes sobre guarda de filhos;

☐ Decisões judiciais importantes sobre medidas protetivas;

☐ Carteirinha de plano de saúde pessoal e das crianças;

☐ Documentos do carro (CRLV, Renavam, IPVA).

Pertences das crianças:

☐ Fraldas, lencinhos etc;

☐ Roupas limpas;

☐ Pijama;

☐ Um animal de pelúcia ou um brinquedo favorito;

☐ Joias, retratos ou recordações importantes.

MEDIDAS DE SEGURANÇA ADICIONAIS

Se você ainda não deixou o relacionamento:

• Abra uma conta corrente ou uma poupança em seu próprio nome para que seu parceiro não tenha acesso;

• Esconda um celular de emergência num quarto com uma porta com tranca e janelas para a rua;

• Considere reabastecer o tanque de gasolina do seu carro quando estiver na metade e estacione na rua mais próxima caso você precise sair com urgência;

- Salve quaisquer e-mails, mensagens, áudios, fotos ou bilhetes que comprovem a ameaça (isso pode ajudar a conseguir uma medida protetiva ou uma condenação);
- Se você tiver que ir embora, desligue o rastreamento por GPS do seu celular no menu de configurações.

Se você já deixou o relacionamento:
- Mude o segredo das portas e das janelas da sua casa ou de seu apartamento e sempre as tranque;
- Considere encontrar um endereço alternativo ao que você mora para receber encomendas;
- Elabore uma lista de pessoas de confiança que poderão pegar seus filhos na escola ou na creche;
- Informe o seu chefe ou a equipe de segurança do seu trabalho sobre a sua situação e sobre quaisquer medidas protetivas em vigor;
- Use rotas diferentes para ir e voltar do trabalho;
- Se possível, passe a frequentar mercados, bares, restaurantes, bancos ou padarias (bem como qualquer estabelecimento comercial que você visita frequentemente) diferentes de antes ou que seu abusador não conheça;
- Salve quaisquer e-mails, mensagens, áudios, fotos ou bilhetes que comprovem a ameaça (isso pode ajudar a conseguir uma medida protetiva ou uma condenação);
- Se você tiver que ir embora, desligue o rastreamento por GPS do seu celular no menu de configurações.
- Bloqueie o número de celular do seu abusador ou troque seu número de celular para um ao qual o seu abusador não tenha acesso;

- Bloqueie o seu abusador nas redes sociais e aumente o nível de privacidade de suas contas para o máximo possível;

- Se você temer por sua segurança, considere solicitar uma medida protetiva;

- Guarde celulares antigos em várias bolsas ou lugares escondidos na sua casa para a hipótese de seu telefone quebrar ou você não conseguir usá-lo quando precisar de ajuda. Lembre-se: qualquer celular que pode ser ligado e tiver uma torre ao seu alcance poderá fazer ligações de emergência para o 190.

REFERÊNCIAS BIBLIOGRÁFICAS

AGOSTINHO. *Confissões*. Rio de Janeiro: Penguin-Companhia das Letras, 2017, p. 33.

AGOSTINHO. Sermão CCIX apud MILLER-MCLEMORE, B. J. The Wiley Blackwell Companion to Practical Theology. John Wiley & Sons, 2011, p. 271.

ANDERSON, M. A.; GILLIG, P. M.; SITAKER, M.; MCCLOSKEY, K.; MALLOY, K.; GRIGSBY, N. Why Doesn't She Just Leave?: A Descriptive Study of Victim Reported Impediments to Her Safety. *Journal of Family Violence*. v. 18, p. 151-155, 2003. Disponível em: https://link.springer.com/article/10.1023/A:1023564404773.

ARNSTEN, A. F.T.; RASKIND, M. A.; TAYLOR, F. B.; CONNOR, D. F. The effects of stress exposure on prefrontal cortex: Translating basic research into successful treatments for post-traumatic stress disorder. *Neurobiol Stress*, v. 1, p. 89-99, 2015. DOI: 10.1016/j.ynstr.2014.10.002. Disponível em: https://www.sciencedirect.com/science/article/pii/S2352289514000101.

BLACK, M. C.; BASILE, K. C.; BREIDING, M. J.; SMITH, S. G.; WALTERS, M. L.; MERRICK, M. T.; CHEN, J.; STEVENS, M. R. *The National Intimate Partner and Sexual Violence Survey*: 2010 Summary Report. Atlanta: National Center for Injury and Prevention and Control e Centers for Disease Control and Prevention, 2011. Disponível em: https://www.cdc.gov/violenceprevention/pdf/nisvs_report2010-a.pdf.

CHORIZO. *In*: The NAS New Testament Greek Lexicon. *Bible Study Tools*. Disponível em: https://www.biblestudytools.com/lexicons/greek/nas/chorizo.html.

KELLER, T; KELLER, K. *O significado do casamento*. São Paulo: Vida Nova, 2012.

LIFEWAY RESEARCH. *Domestic and Gender-Based Violence*: Pastors' Attitudes and Actions: Survey of Protestant Pastors. 2018. Disponível em: lifewayresearch.com/wp-content/uploads/2018/09/Domestic-Violence-Research-Report.pdf.

LIFEWAY RESEARCH. *Domestic Violence and the Church:* Research Report. 2016. Disponível em: http://lifewayresearch.com/wp-content/uploads/2017/02/Domestic-Violence--and-the-Church-Research-Report.pdf.

MILES, A. *Domestic Violence*: What Every Pastor Needs to Know. Fortress Press, 2ª edição. 2011.

NATIONAL CANCER INSTITUTE. *Cancer Statistics.* 2018. Disponível em: https://www.cancer.gov/about-cancer/understanding/statistics.

NATIONAL COALITION AGAINST DOMESTIC VIOLENCE. *What Is Domestic Violence?*. 2020. Disponível em: https://ncadv.org/learn-more.

NATIONAL DOMESTIC VIOLENCE HOTLINE. *How Can I Talk to My Abuser?*: How Manipulation Prevents Problem-Solving. 2019. Disponível em: https://www.thehotline.org/2019/02/05/how-can-i-talk-to-my-abuser/.

NATIONAL DOMESTIC VIOLENCE HOTLINE. *Why We Don't Recommend Couples Counseling for Abusive Relationships.* 2014. Disponível em: https://www.thehotline.org/2014/08/01/why-we-dont-recommend--couples-counseling-for-abusive-relationships/.

NATIONAL NETWORK TO END DOMESTIC VIOLENCE. *Domestic Violence Counts National Summary.* 2017. Disponível em: https://nnedv.org/mdocsposts/census_2016_handout_national-summary/.

PORNEIA. *In*: The NAS New Testament Greek Lexicon. *Bible Study Tools.* Disponível em: https://www.biblestudytools.com/lexicons/greek/nas/porneia.html.

ROBERTS, B. The Bible Does Allow Divorce for Domestic Abuse. *Restored*. 2016. Disponível em: https://www.restored-uk.org/blog/the-bible-does-allow-divorce-for--domestic-abuse/.

SPANSEL, M. How to Combat Domestic Violence in the Church. *The Gospel Coalition*. 2016. Disponível em: https://www.thegospelcoalition.org/article/how-to-combat-domestic-violence-in-the-church/.

STINES, S. Why Couples Counseling Doesn't Work in Abusive Relationships. *Psych Central*. 2015. Disponível em: https://pro.psychcentral.com/why-couples-counseling--doesnt-work-in-abusive-relationships/.

STRAND, R. W. The Forensic Experiential Trauma Interview (FETI). *Minnesota Coalition Against Sexual Assault*. 2018. Disponível em: https://www.mncasa.org/wp-content/uploads/2018/07/FETI-Public-Description.pdf.

TRACY, S. Domestic violence in the church and redemptive suffering in I Peter. *Calvin Theological Journal*, v. 41, 2006, p. 279 – 296. Disponível em: https://mlhlsi.infiniteuploads.cloud/2021/01/DomViol1PeterCTJ.pdf.

VANDOODEWAARD, R. A High View of Marriage Includes Divorce. *Gentle Reformation*. 2017. Disponível em: https://gentlereformation.com/2017/07/20/a-high-view-of--marriage-includes-divorce/.

WILSON, J. M.; FAUCI, J. E.; GOODMAN, L. A. Bringing trauma-informed practice to domestic violence programs: A qualitative analysis of current approaches. *American Journal of Orthopsychiatry*, v. 85(6), 2015, p. 586-59.

ZUST, B. L.; HOUSLEY, J.; KLATKE, A. Evangelical Christian Pastors' Lived Experience of Counseling Victims/Survivors of Domestic Violence. *Pastoral Psychology*, 2017, v. 66, p. 675-687. DOI: doi.org/10.1007/s11089-017-0781-1. Disponível em: https://link.springer.com/article/10.1007/s11089-017-0781-1.

SOBRE A AUTORA

Hannah Fordice é uma escritora e ávida defensora por acabar com a violência doméstica. Ela desenvolveu a organização *House of Faith and Freedom* (Casa da Fé e Liberdade) para ajudar a equipar a igreja local para lidar de forma eficaz com as situações de violência doméstica nas congregações e comunidades ao redor.

Hannah é bacharel em psicologia pela Universidade de Minnesota Duluth e mestre em Serviços Humanos - Saúde Comportamental Forense pela Universidade Concordia, St. Paul. Além disso, ela tem experiência de trabalho com organizações sem fins lucrativos nas áreas de violência doméstica, serviços às vítimas, defesa contra crises, treinamento de defensores e gestão de voluntários.

Este livro foi impresso pela Cruzado, em 2023, para a Thomas Nelson Brasil. O papel do miolo é pólen bold 90g/m², e o da capa é cartão 250g/m².